LA MAISON

DE

CROUŸ CHANEL DE HONGRIE

ET

SES DIVERSES BRANCHES

NOTES

RASSEMBLÉES ET MISES EN ORDRE

SOUS LA DIRECTION

DU COMTE HENRY GEROTHWOHL DE CROŸ CHANEL DE HONGRIE

PARIS

ALPHONSE DERENNE

Boulevard Saint-Michel, 52

1881

LA MAISON

DE

CROUŸ CHANEL DE HONGRE

ET

SES DIVERSES BRANCHES

LA MAISON

DE

CROUŸ CHANEL DE HONGRIE

ET

SES DIVERSES BRANCHES

—

NOTES

RASSEMBLÉES ET MISES EN ORDRE

SOUS LA DIRECTION

DU COMTE HENRY GEROTHWOHL DE CROŸ CHANEL DE HONGRIE

PARIS

ALPHONSE DERENNE

Boulevard Saint-Michel, 52

1881

PREMIÈRE PARTIE

Les événements auxquels ont été mêlés, depuis près d'un siècle, plusieurs membres de la famille de Crouy Chanel de Hongrie, ont amené quelques écrivains, dans un but évidemment intéressé, à contester l'authenticité de l'origine de cette famille qui descend en ligne directe des anciens rois de Hongrie, et dont les armes sont timbrées de la couronne de saint Étienne premier roi chrétien de Hongrie, en l'an 997.

Les titres authentiques, au nombre de 89, qui établissent cette filiation ont été produits, lors de l'instance introduite en 1790, auprès de la Cour des Comptes du Dauphiné, par MM. Jean Claude et François Nicolas de Croy Chanel, fils de Claude III, de Hongrie de Croy Chanel et chefs, l'un de la branche aînée qui s'est éteinte en 1844, dans la personne de Claude François de Croy Chanel, comte de l'empire et Chambellan de l'empereur Napoléon Ier, et l'autre, de la branche cadette, qui subsiste encore aujourd'hui, et dont les descendants établis, soit en France, soit en Autriche-Hongrie occupent dans leurs pays respectifs des situations importantes.

Voici à quelle occasion fut rendu l'arrêt de 1790.

La famille de Crouy Chanel, déchue de sa splendeur ancienne, était représentée, en 1790, par deux frères : l'un Jean Claude Crouy de Chanel, conseiller substitut du Procureur général, au parlement de Grenoble; l'autre François Nicolas Crouy de Chanel, avocat consistorial au même parlement.

Depuis un siècle les faux nobles s'étaient multipliés dans le royaume. Le roi Louis XV s'était ému de ces usurpations, qui tendaient à avilir la noblesse française; il avait ordonné des perquisitions, et ses édits furent renouvelés par ses successeurs.

La noblesse emportant l'exemption de certains impôts, c'étaient d'abord les Cours des aides qui avaient été chargées de vérifier les titres de noblesse; mais presque toutes ces Cours furent supprimées : en 1789 il n'en restait que trois, celles de Clermont, de Bordeaux et de Montauban. Les autres avaient été réunies aux treize Cours des comptes.

Les Cours des comptes s'étaient saisies des attributions de leurs devancières, mais leur compétence, en matière de titres de noblesse, fut souvent contestée par les Parlements, et ces luttes ne purent être apaisées que par des édits royaux. C'est ainsi qu'un édit de mars 1785 termina celle qui s'était engagée dans la province du Dauphiné, en confirmant un concordat passé entre le Parlement et la Chambre des comptes. Cette dernière reçut juridiction pour juger souverainement de privilège et d'enregistrement des titres de noblesse pour la Provence.

Les deux frères Crouy de Chanel voulurent faire vérifier eurs titres en 1790, et comme ils habitaient Grenoble, c'est la Chambre des comptes du Dauphiné qu'ils durent saisir (1).

Après examen de plus de quatre-vingts titres produits par les demandeurs (2), le Procureur Général de la Chambre des comptes résuma son opinion de la manière suivante :

« La noblesse des sieurs Chanel ne nous paraît pas dou-
« teuse : ils se sont constamment alliés à des familles d'an-
« cienne noblesse de la Province :.... Leurs aïeux ont cons-
« tamment pris, pendant deux siècles jusques et inclus 1488,
« les qualités de *chevalier, damoiseau,* noble et *puissant*
« *homme*; depuis lors, ils n'ont pris que celle de noble,
« mais constamment et sans interruption, jusques et inclus
« Claude II, baptisé sous la qualification de noble, le 8
« avril 1626. »

« Jean Claude Chanel et François Nicolas, ont pris cette
« qualité dans plusieurs actes. Leur père est le seul qui ait
« omis de la prendre; mais cette omission ne saurait nuire
« aux demandeurs, du moment où il est prouvé par les
« actes produits qu'il n'a fait et exercé aucun état qui puisse
« déroger à noblesse, et qu'il est même qualifié d'ancien
« officier d'infanterie. »

Le Procureur Général concluait en conséquence à l'admission de la demande des deux frères. Conformément à ces conclusions la Chambre rendit le 29 mars 1790, un arrêt longuement motivé qui déclare que :

---

1. En 1821, la Cour de Paris, n'avait pas admis la compétence de la Chambre des comptes du Dauphiné, en matière de vérification de titres de noblesse. Ce que nous venons de dire nous paraît devoir infirmer l'avis de la Cour de Paris.

2. Voir aux pièces justificatives (note A) l'énoncé de ces titres.

« Nobles Jean Claude de Croy Chanel et François Ni-
« colas de Croy Chanel, frères ont suffisamment prouvé
« leur origine et leur descendance en ligne directe et mas-
« culine, de Félix de Croy Chanel, fils d'André dit le Véni-
« tien, petit-fils du prince Etienne, et arrière-petit-fils d'An-
« dré II, roi de Hongrie, et ordonne que les titres par eux
« produits, seront enregistrés à l'effet de constater l'origine
« de la descendance desdits sieurs de Croy Chanel, pour.
« droits, honneurs et priviléges de noblesse, armoiries, et
« autres droits résultant desdits titres, conformément aux
« lois du royaume.

Cet arrêt qui embrasse toutes les générations connues qui ont précédé cette époque, et qui a été rendu sur les nombreuses preuves qui appuient chaque génération dispense de citer les jugements antérieurs à celui-ci, et dont le dernier, fut prononcé le 25 octobre 1668, en faveur de Marc Hector de Croy Chanel par M. Du Gué, intendant du Dauphiné, député par le roi pour procéder à la recherche des faux nobles.

La filiation de la maison de Croy Chanel de Hongrie, telle qu'elle résulte des titres produits devant la Chambre des comptes du Dauphiné lors de l'instance de 1790, est donc rigoureusement établie de la manière suivante :

NOTA. — Cette filiation est extraite du Nobiliaire universel de France, par Saint-Alais, tome XIII.

NOTE GÉNÉALOGIQUE

SUR LA MAISON DE CROY CHANEL

Bela III, second fils de Geiza, succéda à la couronne de Hongrie, après la mort de son frère aîné Etienne III. Il fut couronné le dimanche 13 janvier 1174, et mourut en 1196, laissant de sa femme Marguerite de France, fille du roi Louis le Jeune, deux fils qui régnèrent successivement :

1° Emeric qui laissa la couronne à son fils Ladislas l'Enfant (1204) ;

I. — 2° ANDRÉ II, surnommé le Jérosolimitain, qui succéda en 1205, à son neveu Ladislas l'Enfant. Il se mit en 1217, à la tête des Croisés et se rendit en Palestine. C'est pendant son voyage en Terre Sainte, qu'ayant logé dans la maison des Chevaliers de Saint Jean de Jérusalem, il fut tellement frappé des vertus héroïques que pratiquaient ces religieux, qu'il dota leur ordre de plusieurs terres, châteaux et de sept-cent mars de revenus. Il voulut être agrégé à l'ordre dont il prit la décoration qu'il porta jusqu'à sa mort, et y obligea tous ses enfants et ses descendants.

Le pape Honorius III, par sa bulle du 25 juin 1217, confirma les privilèges, dons et concessions qu'André II avait faits à l'ordre de Saint-Jean de Jérusalem, et il les incorpora, ainsi que les privilèges et obligations de ses enfants et de leurs descendants, dans la dite bulle. Le titre original en subsiste encore dans les archives du Vatican.

C'est en vertu de cette fondation royale, confirmée par cette bulle, que MM. de Croy portent aujourd'hui cette décoration, par droit héréditaire, ainsi que l'a reconnu l'Empereur d'Autriche lui-même, pour les fils du comte Henry de Croy, officiers dans l'armée autrichienne.

André II mourut en 1235. Il laissait entre autres enfants :

1° De sa première femme, Gertrude, fille du duc de Méranie :

1° Bela IV qui lui succéda ;

2° Elisabeth, mariée au Landgrave de Hesse et de Thuringe et connue sous le nom de sainte Elisabeth de Hongrie ;

3° De sa troisième femme, Béatrix, fille d'Aldrobrandin marquis d'Este :

II. — ÉTIENNE DIT LE POSTHUME.

C'est de ce prince qu'est sortie la maison de Hongrie de Croy dont le chef a droit, d'après cette origine, au titre de marquis d'Este.

Après la mort d'André II, sa veuve Béatrix ayant fait constater qu'elle était enceinte, se retira en Italie auprès de son père le marquis d'Este, et c'est là qu'elle donna le jour au prince Etienne.

Etienne, dit le Posthume, essaya d'usurper sur son grand-père le marquisat d'Este. Obligé de fuir, il se rendit en Espagne et acquit, en passant en France, quelques droits sur la terre de Croy-sur-Somme en Picardie, et dans les montagnes d'Allevard en Dauphiné. Revenu en Italie, il épousa à Venise Thomasine de Morosini, nièce du Doge

Marin de Morosini, qui fut duc de Candie ; de ce mariage est issu André III le Vénitien.

III. — ANDRÉ III s'étant rendu en Hongrie, fut adopté par son cousin Ladislas le Cumain, alors roi de Hongrie, qui n'avait pas d'héritiers.

Celui-ci ayant été assassiné en 1290, André fit valoir ses droits au trône de Hongrie et se fit couronner le 4 août 1290. Il eut à lutter contre plusieurs compétiteurs, parmi lesquels, Charles Martel, de la maison d'Anjou, qui soutenu par le pape Nicolas III, réussit à se faire proclamer. Abandonné de tous, André III meurt à Bude en 1302, et le fils de Charles Martel, Charobert, petit-fils de Marie, fille d'Etienne V, et épouse de Charles II, roi de Naples, monte sur le trône de Hongrie.

André III avait eu de son premier mariage, avec Sibylle Cumana, fille de Pierre Cumana, sénateur de Venise :

1° Félix de Hongrie ;

2° Marc de Hongrie ;

et de son second mariage avec Agnès, fille de l'Empereur Albert d'Autriche, et d'Élisabeth fille du duc de Carinthie :

Élisabeth qui, se trouvant après la mort de son père, la plus proche prétendante au trône de Hongrie, fut enlevée par le duc d'Autriche Albert et enfermée dans le couvent de Socss, en Suisse où elle ne tarda pas à mourir.

Les deux fils d'André III s'étaient fixés en France, où ils s'étaient partagé les biens acquis par leur grand-père Étienne le Posthume.

Un traité de partage du 9 février 1282, signé entre les deux frères, par la médiation d'Amédée, comte de Genève, et de Robert du Peloux, de la part de Félix, et de Raoul de Clermont, connétable de France et de Beaudouin de Guines, de la part de Marc, assigna à Félix, les terres d'Allevard, et à Marc, celles de Croy-sur-Somme, à condition, par ce dernier, de payer une soulte de 1700 livres tournois, et d'épouser noble demoiselle Catherine d'Araines, de Crouy, parente desdits Félix et Marc. Dans cet acte Félix est appelé, Félix de Hongrie, dit de Crouy Chanel, et c'est lui qui est le fondateur de la maison de Crouy Chanel de Hongrie, encore existante aujourd'hui.

Avant le traité de partage de 1282, les deux fils d'André III étaient copropriétaires des biens acquis en France par leur grand-père. Lors de ce partage, la terre de Croy étant échue à Marc de Hongrie, et Félix ayant eu dans son lot les biens sis à Bellecombe, près d'Allevard et que l'on appelait le domaine de Chanel, ou Chanay, ou Chaunais, il résulta naturellement de ce nouvel état de choses, que Marc ajouta plus souvent le nom de Croy à son nom véritable qui était Hongrie, tandis que Félix ajoutait au sien le nom de Chanel à cause de cette terre qui resta plus de trois siècles dans sa famille.

Il est donc important d'observer que c'est à partir de l'époque du traité de partage que l'on verra s'ajouter au nom de Hongrie, les noms de Croy et de Chanel qui, par la suite, ont presque entièrement remplacé le premier.

Plusieurs auteurs ont prétendu que Marc de Hongrie était la tige de la famille des ducs de Croy, d'Havré, Princes de Solre et Princes de Meurs. C'est là une erreur dans laquelle il n'est plus possible de tomber aujourd'hui, après les différents jugements rendus en cette matière, par les tribunaux français qui ont défendu à MM. de Solre et d'Havré de prendre les armes de la maison royale de Hongrie, de la descendance de laquelle ils n'ont pu justifier.

D'ailleurs, la descendance de Marc de Hongrie, tige de Crouy Chanel de Picardie, est éteinte depuis plusieurs siècles, et nous donnerons ci-après la filiation des familles de Croy Solre et d'Havré.

IV. — FÉLIX DE HONGRIE mourut en 1289, douze ans avant son père, empoisonné, prétend-on, par Charles I, roi de Naples, qui avait entrepris de détruire les héritiers mâles du royaume de Hongrie, afin que ce royaume tombât dans sa famille.

Il avait épousé Guigone de la Chambre, d'une des plus illustres familles de la Savoie, dame en partie de la Tour d'Allevard.

De ce mariage sont issus :

1° Antoine de Hongrie qui suit ;
2° André de Hongrie ;
3° Jean de Hongrie, archevêque d'Embrun.

V. — ANTOINE DE HONGRIE épousa Ambroisie de Commiers, dont il eut quatre enfants :

Pierre de Hongrie qui suit.

Jean de Hongrie, dit de Croy, qui épousa Isabeau de Croy. C'est ce Jean de Croy que Scohier suppose fils de Jacques de Croy, et de Marie de Picquigny, et tige des Croy de France, ce qui est une erreur ;

Humbert de Croy, sénéchal du Dauphiné ;

Simon de Croy.

VI. — PIERRE DE CROY épousa Agnès de Sassenage. Il fut doté par le Dauphin Jean et son épouse Béatrix de Hongrie, sœur de Charobert, dont il a été parlé plus haut, dans le but de le tenir éloigné de la Hongrie, dont Charobert avait usurpé le trône sur les descendants d'André III.

De ce mariage :

Guillaume de Croy Chanel qui suit ;

Aymon de Croy Chanel.

VII. — GUILLAUME DE CROY CHANEL, chevalier, fut tué à la bataille de Crécy (1346). Il avait épousé Jeanne de Pont de Bergerac dont il eut trois enfants :

Aymon de Croy Chanel ;

Jean de Croy Chanel qui suit ;

Anne de Croy Chanel.

VIII. — JEAN I DE CROY CHANEL épousa Richarde de Mailles dont il eut :

Jean de Croy Chanel qui suit ;

Jeanne de Croy, mariée à Robert de Mainterne, seigneur de Ruffin.

IX. — JEAN II DE CROY CHANEL épousa Jeanne du Peloux dont il eut :

X. — RODOLPHE DE CROY CHANEL, qui fut châtelain d'Allevard ; il eut de son mariage avec Marguerite du Claux :

Hector de Croy Chanel qui suit ;

André de Croy ;

Claude de Croy ;

Béatrix de Croy, religieuse.

XI. — HECTOR DE CROY CHANEL rendit un service à Louis XI, en le prévenant d'un complot formé pour l'enlever.

Il avait épousé Catherine de Guiffrey, dont il eut :

Jean de Croy Chanel qui suit ;

Catherine, mariée à Guillaume du Peloux.

XII. — JEAN III DE CROY CHANEL épousa en 1488, Michelle de Grollée de Viriville, descendante des Levis Mirepoix. De ce mariage :

XIII. — LOUIS-GEORGES DE CROY CHANEL, fut capitaine des gendarmes de Coligny, qui disait « *qu'il « n'y avait pas de plus vaillant et de plus soigneux capitaine.* »

Il avait épousé Charlotte de Guers dont il eut :

Jean de Croy Chanel qui suit;

Claude Guigues;

Jean, chevalier de Saint-Jean-de-Jérusalem;

Catherine.

XIV. — JEAN IV DE CROY CHANEL fut blessé et fait prisonnier à la bataille de Saint-Quentin, en 1557.

Rentré en Dauphiné, il épousa Florence de Pellet de la Vérune, dont il eut :

Claude de Croy Chanel qui suit;

Jean de Croy Chanel.

XV. — CLAUDE Ier DE CROY CHANEL fut capitaine d'une compagnie de deux cents hommes dans le régiment de François du Puy (1594). Il se signala à la prise du fort Barraux en 1598. C'est à cette occasion que le connétable de Lesdiguières lui écrivit cette lettre si flatteuse, dans laquelle il lui dit :

« *Je vous aurais fait expédier sur le champ des lettres de* « *noblesse.... si n'estait notoire que vos ancêtres en octreyoient* « *aux autres.*

De Grenoble, ce 20 avril 1598.

Signé : LESDIGUIÈRES.

Claude de Croy Chanel avait épousé en 1565 Catherine de Charra, dont il eut :

Philibert de Croy Chanel, né le 12 novembre 1574;

Laurent de Croy Chanel, né le 24 décembre 1575.

XVI. — PHILIBERT DE CROY CHANEL épousa Hélène du Faure de Vercors dont il eut :

François Laurent, né en 1603 qui suit;

Jean de Croy Chanel qui fut père de Marc Hector, capitaine de cavalerie.

XVII. — FRANÇOIS LAURENT, capitaine de cavalerie au régiment de Pimarcon, servit avec distinction sous les ordres du maréchal de la Meilleraie. Il fut créé en 1642, major du fort Barraux, en considération de ses services et de ceux de son aïeul.

Il épousa en 1625, Antoinette d'Armand de Grisac, dont il eut :

XVIII. — CLAUDE II DE CROY CHANEL, capitaine au régiment de Vanicelli, né en 1626, marié à Anne Dauvet. Déshérité par son père, au profit de son cousin Marc Hector, fils de Jean dont il a été parlé au seizième degré.

De ce mariage est issu :

XIX. — CLAUDE III DE CROY CHANEL, dit d'Hortal d'Argenson, né le 30 janvier 1677, capitaine dans le régiment de Dauphin infanterie, blessé en 1712, au Quesnoy, sous les ordres du maréchal de Villars, il se retira à Grenoble, où il mourut de ses blessures.

De son mariage avec Elisabeth Pison, il eut trois fils, dont le plus jeune François-Paul fut prieur dans l'ordre des Frères Prêcheurs.

Les deux aînés, Jean-Claude, né en 1717, et François-Nicolas, né en 1718, furent la tige des deux branches dont l'aînée s'éteignit, comme nous l'avons dit plus haut, en 1844.

C'est à leur requête que fut rendu l'arrêt de 1790.

Pour toute personne de bonne foi, cet arrêt établit, d'une manière irréfutable, l'origine royale des deux frères de Croy Chanel.

Les titres originaux ont été produits par les exposants, dûment examinés et vérifiés conformément aux règles tracées par les généalogistes, enregistrés et déposés au greffe de la chambre des comptes du Dauphiné, et transcrits sur un registre faisant partie de la collection authentique des enregistrements et vérification des titres de noblesse, lequel registre coté sous l'indication suivante : n° 41, *generalia et in Jesum Christum*, fut déposé au greffe de la Chambre des comptes en même temps que diverses pièces originales dont il contenait les copies enregistrées, des cahiers, des protocoles de notaires et registres baptismaux, dont la Chambre avait ordonné l'apport en son greffe. Après avoir été enlevés dudit greffe, à l'époque de la spoliation des dépôts publics, ces documents ont été découverts et réintégrés officiellement, suivant leur spécialité, au greffe de la Cour royale de Grenoble, à celui du tribunal de première instance de la même ville, et dans les Archives de la Chambre des notaires de l'arrondissement de Grenoble.

Des procès verbaux de leur réintégration et de leur vérification ont été dressés, et ils ont été produits, à la Commission nommée en 1839, par le préfet de l'Isère, pour examiner la requête présentée par les trois chefs des branches de la maison de Crouy Chanel, à l'effet de faire rectifier les actes de l'état civil des membres de cette famille, qui ne portaient pas le nom de Crouy ajouté à celui de Chanel.

Le tribunal civil de Grenoble, faisant droit à la requête des exposants, après avoir vérifié les titres placés sous ses yeux, ordonna la rectification demandée.

Nous avons dit que les deux fils de Claude III, Jean Claude et François Nicolas, avaient été les tiges des deux branches de la famille, qui existaient encore au moment où fut rendu le jugement de 1839. Nous plaçons sous les yeux du lecteur, le tableau généalogique de ces deux branches et de leurs différents rameaux.

(*Voir le tableau généalogique*).

Il résulte de ce tableau que la descendance de Félix de Hongrie, fondateur de la maison de Croy Chanel, se compose actuellement de trois branches portant le nom et les armes de Hongrie.

A la mort du Prince Auguste, décédé en 1873, sans héritier mâle, la branche cadette, issue de son frère François Nicolas Henri, établi en Hongrie, devint l'héritière des droits, titres et prérogatives attachées à l'aîné de la famille.

C'est à cette branche que se rattache la branche collatérale issue du mariage de Mlle Clémentine-Charlotte-Claudine de Croy Chanel, propre sœur du prince Auguste et du comte Henry de Croy Chanel, avec M. Joseph Gerothwohl qui, par une délibération du conseil de famille de la maison de Crouy Chanel de Hongrie, signée du comte de Crouy Chanel (le chambellan), chef de la branche aînée, de Claude François de Crouy Chanel, chef de la branche cadette et de ses trois fils, Auguste, Henri et François, a été adopté, comme membre de la famille de Crouy Chanel de Hongrie, autorisé à joindre le nom de Crouy à son nom de Gerothwohl, et à s'appeler Gerothwohl de Crouy Chanel et à prendre les armes de la maison royale de Hongrie, après avoir prêté le serment de fidélité réclamé de chaque membre de la famille (1).

Cette délibération fut remise à M. Gerothwohl, avant la célébration de son mariage, auquel a signé comme témoin le comte Henry de Crouy Chanel, ce qui est une première consécration de l'acte d'adoption dont nous venons de parler (2). Une autre consécration fut donnée à cette adoption lors de la naissance du second enfant issu de ce mariage, qui fut baptisé sous les noms de Charles Henri Marie, fils

1. Voir cette adoption aux pièces justificatives.
2. Voir cet acte aux pièces justificatives.

du comte Claude François Joseph Gérothwohl de Croy Chanel de Hongrie, chevalier héréditaire de Malte, et de madame Clémentine, marquise de Crouy Chanel et dont le parrain fut Charles de Crouy Chanel, deuxième fils du comte Henri lequel avait signé l'acte d'adoption et l'acte de mariage de son beau-frère (1).

Les droits de la famille Gerothwohl de Croy Chanel à porter le nom de Croy et les armes royales de Hongrie, sont donc parfaitement authentiques et indiscutables, et moins que personne, les membres des autres branches de la maison de Croy Chanel se trouveraient fondés à contester les droits qui émanent d'eux et qu'ils ont affirmés en deux circonstances solennelles.

Les fils de M. le comte Gerothwohl de Croy Chanel, sont du reste en possession par leur acte de naissance, du nom de Croy Chanel, et par décret du 24 août 1861 M. le comte Henry Gerothwohl de Croy Chanel obtint ses lettres de naturalisation, sous le nom de Gerothwohl de Croy Chanel (2).

C'est également sous ce nom qu'il fut nommé, par l'empereur Napoléon III, secrétaire des commandements de la princesse Baccoiochi, et qu'il exerça près d'elle, à Corner houet, ces fonctions pendant un certain temps.

Il suffira de ces faits pour faire constater, que, fût-il possible de contester à M. Joseph Gerothwohl le droit, soit de se dire Comte, soit de porter le ruban noir, il n'en est pas de même pour ses deux fils, attendu que, en raison de l'origine royale de la famille de la mère, famille dans laquelle il n'existe pas de loi salique, les fils sont, *de par le ventre, Princes par définition d'État*.

D'ailleurs, le mariage de M. Joseph Gerothwohl avec

---

1. Voir cet acte aux pièces justificatives.
2. Voir aux pièces justificatives.

Mlle de Crouy Chanel, ayant été célébré en Angleterre, sans que les bans aient été publiés en France, ce mariage pourrait, par ce fait même, être considéré comme nul, d'après la loi française, et dès lors, les enfants qui en sont issus deviennent enfants naturels, et prennent le nom de leur mère, sous lequel ils ont été inscrits.

Ils seraient donc *Crouy Chanel*, au lieu de s'appeler *Gerothwohl de Crouy Chanel*, et l'on ne voit pas quel avantage auraient les membres de la maison de Hongrie, à entamer une lutte dont le résultat légal, en France, serait d'empêcher leurs cousins de s'appeler Gerothwohl, et de les obliger à ne s'appeler que Crouy Chanel. Nous reviendrons sur ce point à la troisième partie de cette notice, en rapportant un incident qui s'est produit en 1875, lors du décès de madame la comtesse Gerothwohl de Crouy Chanel.

3° *Branches des Comtes de Croy Chanel.*

Cette branche qui subsiste encore aujourd'hui, et qui est fixée dans les départements d'Indre-et-Loire et de la Vienne, est issue de Claude Henri, créé comte en 1809 avec autorisation de créer un majorat; 2° fils de François Nicolas, et petit-fils de Claude III de Crouy Chanel.

Le comte Claude Henri de Crouy Chanel, marié à Mlle de Belloy, eut de ce mariage un fils qui s'adonna à l'histoire et à la littérature, et qui a laissé des ouvrages estimés. Il fut, de 1839 à 1870 membre du Conseil général d'Indre-et-Loire.

De son mariage avec Mlle de Voyer d'Argenson est né en 1828, le comte René Pierre de Croy Chanel, Ministre plénipotentiaire, chevalier de la Légion d'honneur, commandeur de Saint-Grégoire-le-Grand et d'Isabelle la Catholique, marié en 1862, à Mlle Annonciade de Montebise, dont il a eu trois enfants.

DEUXIÈME PARTIE

LES CROUY CHANEL ET LES CROY DE SOLRE ET D'HAVRÉ

Le nom de Croy qui se retrouve à chaque instant sous la plume des chroniqueurs du High-Life, appartient à deux familles qu'il ne faut pas confondre, et dont, l'une d'origine Royale ainsi que nous l'avons dit plus haut, a pour aïeul Saint Étienne, premier roi chrétien de Hongrie : c'est la famille de Croy Chanel, qui, quoique bien déchue depuis le temps où l'un de ses ancêtres, André II, se mettait à la tête des chevaliers chrétiens pour les conduire à la conquête des lieux saints, est représentée de nos jours par des hommes de valeur et d'intelligence.

La seconde de ces familles, qui à l'inverse de la précédente est partie de rien pour s'élever successivement aux plus grands honneurs et aux plus hautes dignités, est celle des ducs de Croy, princes de Solre et de Meurs ducs d'Havré, de Dulmen, etc. apparentée, aux premières familles de notre époque, et qui s'est alliée, dernièrement encore, à la maison impériale d'Autriche.

C'est cette famille, qui ne trouvant pas suffisante l'illustration qu'avaient jetée sur elle un grand nombre de ses membres, avait imaginé de faire remonter son origine à

Marc de Hongrie, frère de Félix de Hongrie, seigneur de Croy sur Somme en Picardie, et qui, s'appuyant sur l'opinion de Jean Scohier, qui publia en 1589, une Généalogie de la maison de Croy, s'était emparée des armes de la maison royale de Hongrie, qui sont d'argent, à quatre fasces de gueules, formant huit pièces, tandis que celles de MM. de Solre et d'Havré sont à trois fasces de gueules, formant sept pièces.

Sans entrer dans les détails du procès survenu en 1820, entre M. le Comte de Croy Chanel, ancien Chambellan de Napoléon I, et chef d'armes de la maison de Croy Chanel de Hongrie, nous rappellerons que la Cour de Paris, par un jugement du 12 mai 1821, confirmé par un arrêt de la Cour de cassation du 25 février 1823, tout en interdisant au Comte de Croy Chanel de prendre le nom de Croy qui n'était pas porté sur son acte de naissance (1), fit défense à MM. de Croy Solre et d'Havré de prendre les armes de la maison Royale de Hongrie, attendu, dit l'arrêt, « *qu'ils ne rapportent aucun titre qui prouve leur origine et* « *leur descendance de la maison Royale de Hongrie et que leur* « *prétention à cet égard n'est appuyée que sur l'opinion diverse-* « *ment énoncée des historiens et des auteurs qui ont traité de la* « *Généalogie de Croy ; opinion contredite par plusieurs, et* « *même démentie par deux célèbres Généalogistes (Chérin et* « *d'Hozier), dont l'un a attesté que l'on ne pouvait garantir* « *la filiation de la maison de Croy au-delà de 1335.* »

Les titres sur lesquels s'appuyaient MM. de Croy, pour établir cette origine, sont quatre diplômes émanés des empereurs d'Allemagne, savoir :

Le premier, octroyé le 9 avril 1486 par l'Empereur Maximilien en faveur de Charles de Croy;

---

1. Cet acte de naissance a été rectifié en 1839.

Le deuxième, le 28 juin 1520, à Jacques de Croy, évêque de Cambray ;

Le troisième en 1594, par l'Empereur Rodolphe à Charles-Philippe de Croy ;

Et le quatrième par l'Empereur Léopold à Philippe de Croy.

Or, aucun des personnages dont il s'agit dans ces diplômes n'a laissé de postérité légitime, c'est un fait constant, non dénié par MM. de Croy eux-mêmes, desquels il est dit, dans leurs lettres patentes de 1773 « *qu'ils ne peuvent succéder à la qualité de Ducs de Croy attendu que ce titre a fini avec la postérité de celui qui l'avait obtenu.* »

Voici du reste à ce sujet une Généalogie de MM. de Croy que nous trouvons dans la Biographie des hommes du jour (Tome V, 2ᵉ partie) année 1840, publiée par M. Germain Sarrut et Saint-Edme.

Nous ferons remarquer que ce travail publié à plusieurs milliers d'exemplaires n'a jamais été attaqué et est resté pièce historique.

GÉNÉALOGIE

DE MM. DE CROY SOLRE ET DE CROY D'HAVRÉ

Étienne de Croy, premier auteur connu de la famille, qualifié *bourgeois d'Amiens*, en 1163.

Simon de Croy, mayeur d'Amiens, en 1208.

Mathieu de Croy, mayeur d'Amiens, en 1235.

Jean de Croy, mayeur d'Amiens.

Guillaume de Croy. Il fit ériger en arrière fief, la métairie appelée *rue de Croy de Guyencourt en Santerre*. Il vivait en 1350 ; c'est le premier individu de la famille qui ait possédé la noblesse. Les armoiries de ces cinq premiers de Croy étaient trois oiseaux à la bordure engrelée.

Jean de Croy, favori de Jean-sans-Peur, duc de Bourgogne ; il fut accusé d'avoir conseillé le meurtre du duc d'Orléans (1407), et d'y avoir participé ; il passa trois mois dans un cachot. « Ce fut la première fois que le nom « des de Croy d'Amiens figura dans l'histoire de France », dit l'auteur de l'Histoire chronologique de la maison royale de France.

Porta pour armoiries un écu d'argent à trois faces de gueule, formant sept pièces. Jean de Croy fut tué à la bataille d'Azincourt, en 1415.

Agnès de Croy, fille de Jean, plut dans un bal au duc de Bourgogne, qui en fit sa maîtresse.

Elle donna le jour au bâtard Jean de Bourgogne, devenu évêque de Cambrai. Telle fut la source des premiers honneurs de la famille Croy d'Amiens (1).

Jean de Chimay, bâtard de Croy, frère d'Agnès, fils naturel de Jean de Croy et de Marie de Craon, laquelle fut mariée postérieurement à la naissance de Jean de Chimay, en premières noces à Gaucher Torotte. Ce Chimay, fit, selon l'usage, une brisure à ses armes.

1. Antoine de Croy, fils légitime de Jean et frère d'Agnès, devint favori de Philippe-le-Bon, successeur de Jean-sans-Peur, Louis XI parvint à force de promesses à corrompre ce favori. Par son moyen, il réussit à s'emparer d'Amiens, et de plusieurs autres villes de la Somme dont la possession avait été garantie au duc de Bourgogne par le traité d'Arras. Les de Croy chassés par Philippe-le-Bon se réfugièrent auprès de Louis XI, qui leur donna, entre autres seigneuries, celle de Croy-sur-Somme, ce dernier fief ayant appartenu aux descendants de la maison de Hongrie, il se peut que sa possession ait fait naître aux Croy d'Amiens, la pensée de s'enter sur cette maison royale.

Jacques de Croy, évêque de Cambrai, né en 1436, duc de Cambrai, en 1510, mort le 15 août 1516. On lit dans le *Citateur*, par Pigault Lebrun (*Paris, Barba, 1830, pages 191-192*) : « Voltaire cite le testament d'un Crouy, évêque de Cambrai, mort en 1517; il laisse plusieurs legs à ses bâtards, et déclare qu'il tient une somme en réserve pour ceux qu'il espère que Dieu lui fera la grâce de lui donner encore, en cas qu'il réchappe de sa maladie.

Charles, bâtard de l'évêque Jacques de Croy, d'abord se fit prêtre, moine et frère, ermite, ensuite apostasia, devint calviniste et se maria.

Jean de Croy, fils de Charles, se disait gentilhomme artésien.

François de Croy, fils de Jean. — Il devint seigneur de Solre-le-Château, par le décès de ses cousins. Ce Jean de Croy est le véritable ascendant paternel des Solre Croy existant aujourd'hui, lesquels lui ont substitué mensongèrement Jean de Solre Croy, cinquième descendant de Jean de Chimay, bâtard de Croy; mais, ils n'ont pas fait attention que ce Jean de Solre Croy, né le 14 février 1588, était mort le 26 du même mois, à l'âge de douze jours, et qu'ainsi, leur usurpation reposait sur une impossibilité. Les deux fils de ce Jean de Croy formèrent trois branches bâtardes. Nous allons les diviser, pour être mieux compris.

Première branche. — DUCS DE CROY.

Philippe-Emmanuel-Antoine-Ambroise est devenu seigneur de Solre-le-Château, par la mort de son père, Jean, Bâtard de Croy qui précède, mais non pas, comte de Solre, cette terre n'ayant point été érigée en comté pour son père ni pour lui.

Philippe-Emmanuel-Ferdinand de Solre, dit comte de Solre, sans titres. — Mort en 1718.

Alexandre-Emmanuel de Solre Croy, dit prince de Sobre et prince de Meurs, sans titres, et par l'usurpation la plus scandaleuse.

Emmanuel de Solre Croy, Maréchal de France, se disant prince du Saint-Empire et duc de Croy, sans titres et par l'usurpation la plus manifeste.

Anne-Emmanuel-Ferdinand-François de Solre Croy, se disant prince du Saint-Empire et duc de Croy, sans titres et par l'usurpation la plus scandaleuse.

Auguste-Philippe-Louis-Emmanuel de Solre Croy, fils du précédent, se disant prince du Saint-Empire, et duc de Croy, sans titres, et par usurpation, pair de France.

Cette branche subsistait en 1823.

Deuxième branche. — Princes de Solre.

Emmanuel-Marie-Maximilien de Solre Croy, frère du précédent, se disant prince de Solre, sans titres, et par usurpation.

Cette branche subsistait en 1823.

Troisième branche. — Ducs d'Havré.

Philippe-François de Solre, fils de Jean, bâtard de Croy, d'où la première branche est également venue, devint seigneur du duché d'Avré, par sa femme qui lui apporta cette terre en dot : cette terre n'ayant point été érigée en duché pour lui, ni pour ses descendants, il est seigneur, mais non pas duc d'Havré.

Ferdinand-François-Joseph, de Solre Croy, seigneur et

non pas duc d'Havré, dit prince du Saint-Empire, sans titres, et par usurpation.

Jean-Baptiste-Joseph de Solre Croy, même observation.

Louis-Ferdinand-Joseph, de Solre Croy, même observation.

Joseph-Anne-Auguste-Maximilien de Solre Croy, même observation. — Capitaine des Gardes et Pair de France.

Cette branche subsistait en 1823.

Il suit de cette Généalogie, que les Croy, qui se disent : Ducs de Croy, Princes de Solre, Ducs d'Havré, dont la souche appartient à la bourgeoisie picarde d'Amiens, non seulement n'ont rien de commun avec la maison Royale de Hongrie, mais, encore, qu'ils ne prennent les titres de Ducs de Croy, de Princes de Solre, et de Ducs d'Havré que par usurpation.

Il reste un mot à dire pour expliquer comment les Croy de Picardie espéraient confondre leur origine avec les Crouy de Hongrie.

Possesseurs à l'origine du petit fief de Croy en Santerre ils acquirent postérieurement la terre de Croy-sur-Somme qui avait appartenu à Marc de Hongrie, et d'où les Croy de Hongrie avaient tiré leur nom.

La situation de ces deux propriétés du même nom dans la même province rendait facile une confusion dont les Croy de Picardie voulurent profiter.

Le jugement de 1821 a fait justice de leur prétention.

Ce jugement avait été obtenu contre M. le comte Claude-François de Croy Chanel qui, d'après son acte de naissance, ne portait pas le nom de Croy.

Quelques mois plus tard, le comte Henry de Croy Chanel qui épousait la fille de l'amiral russe Tschitschakoff faisait faire ses publications sous le nom de Crouy Chanel. MM. de Croy y formèrent opposition ; ils furent déboutés par un jugement du 26 octobre 1821 auquel ils ont adhéré.

Cependant, en 1839, MM. de Croy, malgré le jugement du 26 octobre, présentèrent à M. le juge d'instruction Zangiacomi une requête, à l'effet d'interdire au marquis de Crouy Chanel, alors détenu (pour affaire de complot bonapartiste. Voir à ce sujet la biographie des hommes du jour, Tome 5, 2ᵉ partie, pages 37 et suivantes) le droit de prendre le nom de Croy. Les magistrats se rapportant au jugement de la Cour de cassation du 6 avril 1830, que MM. de Solre et d'Havré avaient sans doute oublié, n'adhérèrent pas à leur requête. Voici à quelle occasion avait été rendu cet arrêt.

En 1828, madame la marquise de Crouy Chanel était engagée dans un procès purement pécunier.

La Cour de Paris, s'appuyant sur l'arrêt de 1821, fit rayer d'office, le nom de Croy de tous les actes de la procédure.

Le prince de Croy Chanel se pourvut devant la Cour de cassation qui par arrêt du 6 avril 1830, cassa, sans renvoi, l'arrêt de la Cour de Paris (Voir aux pièces justificatives).

Ajoutons pour terminer ce qui est relatif au différend survenu entre deux maisons « *qu'une pensée conciliatrice* « *aurait mieux éclairées sur leur origine qu'un procès* » (1) que le jugement de 1821 a été annulé par un autre jugement du tribunal civil de Grenoble devant lequel le comte Claude-François de Croy Chanel, et ses deux cousins, le marquis Claude-François de Croy Chanel et le comte

---

1. Prince Auguste de Crouy Chanel de Hongrie, *la noblesse et les titres nobiliaires dans les Sociétés chrétiennes*, brochure in-octavo, réimprimée par les soins du comte Henry Gerothwohl de Croy Chanel, neveu du prince.

Claude-Henry de Croy Chanel avaient introduit une instance tendant à faire rectifier leur acte de naissance.

Le tribunnal se trouva ainsi saisi indirectement de la question qui s'était agitée devant la Chambre des comptes du Dauphiné en 1790, et dut vérifier la Généalogie de la famille de Crouy Chanel, depuis le XIIIᵉ siècle jusqu'à nos jours.

Le tribunal procéda à cette vérification avec le soin le plus minutieux. Il voulut d'abord constater que les titres conservés au greffe étaient bien ceux qui y avaient été déposés en 1790, et à cet effet, M. le Préfet de l'Isère nomma une Commission composée d'un conseiller de Préfecture, de deux conseillers à la Cour Royale, d'un juge au tribunal et du bibliothécaire de la ville.

La Commission ayant émis l'avis que ces titres présentaient un caractère d'*authenticité irrécusable*, le tribunal y chercha, *document par document*, la preuve de la descendance et de la possession séculaire du nom de Crouy, et par un arrêt aussi longuement que fortement motivé il ordonna la rectification qui était demandée.

Ce jugement qui rendait aux membres de la famille de Crouy Chanel la possession du nom qu'avaient porté les fondateurs de leur race n'a pas été attaqué par les anciens adversaires de cette famille.

Il est donc bien définitivement établi que ses membres descendent en ligne directe et légitime des rois de Hongrie, et ce fait a été reconnu non-seulement en France, mais aussi en pays étranger.

La première constatation en a été faite par le conseil de l'ordre de Saint-Jean de Jérusalem ou de Malte, dont ainsi que nous l'avons déjà dit, André II avait rendu la décoration obligatoire pour ses descendants. C'est en vertu de la fondation d'André II, que le Conseil de l'ordre autorisa, par décision du 30 mars 1816, MM. Claude-François, comte de Croy, Claude-François, marquis de Croy, et Claude-Henry, comte de Croy, à porter cette décoration.

En 1844, le comte Henry de Crouy Chanel étant allé s'établir en Hongrie avec ses enfants, saisit la Diète hongroise d'une demande de reconnaissance de ses droits à l'Indigénat, en sa qualité de descendant des anciens rois de Hongrie. Cette demande portée d'abord aux Comitats, et plus tard déférée aux députés, fut accueillie par eux dans la séance du 27 octobre 1844, et ils décidèrent, à *l'unanimité moins deux voix*, que non-seulement, l'Indigénat devait être accordé à M. de Crouy Chanel, mais encore qu'il avait voix à la Diète et place parmi les nobles magnats, à raison de son origine royale.

Les trois fils du comte Henri, établis en Hongrie, à la suite de leur père et devenus officiers dans l'armée Autrichienne, furent autorisés par S. M. l'Empereur d'Autriche, à porter la croix de l'Ordre de Saint-Jean, en raison de *leur prérogative héréditaire*.

Nous avons eu sous les yeux le texte du brevet accordé à M. William de Crouy Chanel, lieutenant au 9ᵉ lanciers, et qui est ainsi conçu :

« Sa Majesté apostolique J. et R. a, par sa plus haute
« décision du 22 mars 1860, accordé au 1ᵉʳ lieutenant
« William de Crouy Chanel de Hongrie l'autorisation,
« selon sa prérogative héréditaire, de porter la croix
« d'honneur de l'Ordre de Saint-Jean. »

Quant au prince Auguste de Crouy Chanel, il obtint de Louis XVIII, en 1816, un titre d'admission au grade de colonel, titre dans lequel il est désigné sous l'appellation de M. de Hongrie, marquis de Crouy Chanel.

C'est sous les mêmes noms et titres qu'il fut créé chevalier de l'Ordre royal et militaire de Saint-Louis, par brevet du 3 juillet 1816, signé : Louis, et contresigné, maréchal, duc de Feltre.

Le 28 janvier 1848, le Pape accordait des lettres de naturalisation romaine aux deux filles de François-Claude-Auguste, prince de Hongrie, marquis de Crouy Chanel, à raison de leur royale origine.

Peu de jours après, le 28 février 1848, le souverain pontife créait M. *Auguste de Hongrie, prince et marquis de Crouy Chanel,* commandeur de l'ordre de Grégoire-le-Grand, et lui en faisait expédier le brevet, signé du cardinal Lambruschini, et visé par le premier secrétaire de l'ambassade de France, M. de Broglie.

Treize ans plus tard, le 15 juin 1860, le *général Eynard,* secrétaire de l'ordre de la Légion d'honneur, écrivait, par délégation de M. le grand chancelier, la lettre suivante au Prince de Crouy Chanel.

   Monsieur le Prince,

« J'ai l'honneur de vous adresser l'autorisation que
« S. M. l'Empereur a bien voulu vous accorder, pour
« accepter et porter la décoration de commandeur de
« l'ordre de Saint-Grégoire-le-Grand.

   Pour le grand chancelier de la Légion d'honneur.
    Le Secrétaire général de l'ordre
     Général Eynard (1).

Disons enfin pour terminer que lorsque eut paru le décret du 8 janvier 1859, rétablissant le Conseil du sceau des titres, le Prince de Crouy Chanel qui, ainsi que nous venons de le voir, avait été, postérieurement à ce décret, autorisé à porter la croix de commandeur de l'ordre de Saint-Grégoire-le-Grand (2) sous la qualification de PRINCE

---

1. Voir aux pièces justificatives.
2. Voir aux pièces justificatives.

DE CROUY CHANEL (ce qui était une reconnaissance de son droit à porter ce titre) provoqua la vérification de sa situation nobiliaire par le Conseil du sceau.

L'honorable M. Langlais, une des lumières du Conseil d'État, fut chargé du rapport.

A l'appui de sa requête, le Prince avait produit, outre les pièces enregistrées en 1790, six autres titres découverts postérieurement et consistant en quatre pièces extraites de registres conservés en originaux dans les archives d'Amiens, et deux pièces extraites d'un cartulaire (1).

Ces titres confirment de la manière la plus expresse les énonciations contenues dans l'acte de Brastole de 1279, et dans les deux actes authentiques de 1282.

Après un examen minutieux de tous les titres produits, et une étude approfondie des écrivains qui ont traité de l'histoire de la Hongrie, et des droits des descendants de familles royales, M. Langlais conclut à ce que « le conseil
« reconnût que M. de Crouy Chanel a prouvé qu'il est : LE
« DESCENDANT DIRECT ET LÉGITIME DES
« ANCIENS ROIS DE HONGRIE
« et émit l'avis que :
« A RAISON DE CETTE ROYALE ORIGINE, IL Y A
« LIEU DE L'ADMETTRE A PORTER HÉRÉDITAI-
« REMENT LE TITRE DE PRINCE.

La décision du Conseil fut notifiée à M. de Crouy Chanel par M. Ferrand, référendaire, qui lui adressa la lettre suivante :

      Prince,

« Il résulte de la décision du Conseil impérial du sceau
« des titres, dont j'ai eu l'honneur de vous donner com-
« munication, que la demande primitivement formée n'é-
« tait pas celle que vous auriez dû présenter.

---

1. Voir aux pièces justificatives.

« Le Conseil, en constatant, sur le rapport de M. Lan-
« glais, dont un exemplaire vous a été officiellement remis,
« votre descendance des anciens rois de la dynastie des Ar-
« pad, et en vous traçant la marche que vous auriez dû
« suivre, reconnaît, par cela même, votre titre de Prince
« étranger comme étant la conséquence de votre origine.

« Pour vous conformer à l'avis du Conseil, vous devez
« donc présenter une demande d'autorisation de porter en
« France un titre étranger (Art. 1er du décret du 5 mars
« 1859) ce qui n'est plus qu'une question de forme, en
« présence du décret du 12 juin 1860, qui vous autorise
« déjà, sous le titre de Prince de Crouy Chanel, à porter
« la décoration de commandeur de l'ordre de Saint Grégoire
« le Grand.

« J'attends maintenant vos ordres pour présenter cette
« nouvelle demande.

J'ai l'honneur d'être avec un profond respect,
    Prince
Votre très humble et très obéissant serviteur
    A. Ferrand,
Paris 10 juin 1861.

Nous croyons avoir dit assez pour que la conviction du lecteur soit complètement assise, relativement à l'origine royale de la maison de Crouy Chanel de Hongrie.

TROISIÈME PARTIE

LES DROITS

DE LA BRANCHE DES COMTES GEROTHWOHL

DE CROY CHANEL

Nous avons mentionné plus haut l'existence d'une branche de la famille de Crouy Chanel de Hongrie, celle des comtes Gerothwohl de Croy Chanel, issue du mariage de Melle Clémentine Claudine Charlotte de Croy Chanel avec M. Joseph Gerothwohl, devenu comte de Croy Chanel par l'adoption des membres de la maison de Hongrie.

Les enfants au nombre de deux issus de ce mariage n'appartiennent, il est vrai, que par leur mère au sang d'Arpad, mais l'acte d'adoption dont nous avons déjà parlé, leur a donné le nom de Croy Chanel, et c'est celui qui est inscrit dans leur acte de naissance de par le consentement et la volonté de leurs grand-père, oncles et cousin, les comtes et marquis de Crouy Chanel.

Ce droit, du reste, ne leur avait jamais été contesté, lorsque se produisit un incident que nous allons rapporter, survenu à l'occasion du décès de Mme la comtesse Gerothwohl de Crouy Chanel leur mère.

Cette sainte et digne femme s'éteignit à Londres le 25 août 1875.

Le journal le *Figaro,* informé de ce décès par une lettre de faire part toute personnelle adressée à M. de Villemessant, publia gracieusement, le 9 septembre suivant, un article nécrologique donnant quelques détails sur la défunte Comtesse, et sur sa famille.

En ce moment, les deux fils de la Comtesse, tout à leur chagrin de la perte cruelle qu'ils venaient de faire, étaient uniquement préoccupés de rendre à leur mère les derniers devoirs, et pour se conformer à ses dernières volontés ils faisaient les démarches nécessaires à la translation de ses restes mortels, à Allevard, berceau de la famille de Crouy Chanel, où elle avait manifesté le désir de reposer.

Plus tard, et par leurs soins, un monument funèbre fut élevé dans le cimetière d'Allevard, en même temps que, pour perpétuer dans ce pays, où le nom de Crouy Chanel est resté populaire, le souvenir de celle dont la vie avait été toute de dévouement et de sacrifice, le comte Henri son fils, versait au Conseil de fabrique une somme destinée à assurer la fondation d'un prix de piété filiale, pour encourager dans ces populations simples et primitives, la pratique du respect et du dévouement des enfants envers leurs parents vieux et infirmes.

De nombreuses marques de sympathie avaient été envoyées à MM. Gerothwohl de Croy Chanel, par la plupart des membres de leur famille à l'occasion du malheur qui venait de les frapper.

Aussi, ne saurions-nous dire combien grande fut leur surprise et leur indignation lorsqu'ils lurent dans le *Figaro,* du 3 novembre 1875 un article inspiré ou imposé par quelques membres de la famille de Crouy Chanel, article dans lequel, tout en reconnaissant que la Comtesse était bien leur parente par la naissance, ces messieurs lui déniaient le droit d'avoir porté et fait porter à ses enfants le nom de Croy Chanel.

Cette rectification qui, pour tout lecteur non au courant de la situation de la famille de Crouy Chanel, au moment du mariage de la défunte Comtesse, pouvait paraître juste et légitime, était tout bonnement de la part de ses auteurs, une... pour ne pas être violents, disons une ingratitude, et aussi une... erreur.

A cette attaque aussi inattendue que peu fondée MM. Gerothwohl de Croy Chanel répondirent en envoyant au *Figaro* une note rectificative et explicative dans laquelle ils donnaient la preuve du droit qu'avait eu leur mère de porter pendant sa vie le nom sous lequel elle avait été mariée et pour eux non-seulement du droit mais encore de l'obligation de s'appeler Gerothwohl de Crouy-Chanel de Hongrie attendu que c'est le nom inscrit dans leur acte de naissance et sous lequel ils ont été baptisés en vertu de l'acte de mariage de leur mère. Voici cette note, et la lettre d'envoi qui l'accompagnait.

« Mon cher monsieur de Villemessant.

« Une note qui a paru dans votre numéro d'hier,
« 3 courant, contient des assertions rectificatives tellement
« erronées qui je ne puis me dispenser de les relever et de
« rétablir les faits dans leur exactitude.

« Je fais donc appel à votre impartialité bien connue,
« pour vous prier d'ordonner l'insertion la plus prochaine
« possible de la note ci jointe, dont vous comprendrez vo-
« lontiers, je pense, l'importance, en songeant que si nous
« laissions, mon frère et moi, passer l'énoncé de ces faits,
« sans protestation, cela ne tendrait à rien moins qu'à
« nous dépouiller de notre état civil, tel qu'il nous a été

« conféré par l'acte de mariage de nos père et mère et par
« nos actes de baptême, tous deux authentiquement pas-
« sés en présence de divers membres de la famille, et
« signés, par eux en qualité de témoins.

« Comptant à l'avance sur votre obligeance et j'ajoute-
« rai, sur votre appui, je vous prie, Cher Monsieur,
« d'agréer l'assurance de ma considération la plus dis-
« tinguée. »

Signé : Cte HENRY
G^{hl} DE CROY CHANEL.

A cette lettre était jointe la rectification demandée ainsi conçue :

« Nous sommes priés d'insérer la réponse suivante à la
« rectificationcon tenue dans notre numéro du 3 novembre
« courant, concernant la famille Crouy Chanel deHongrie :
« Il est parfaitement exact que les fils de Madame Clé-
« mentine Charlotte de Croy Chanel, n'appartiennent à la
« famille de Crouy Chanel, que du chef de leur mère,
« décédée, à Londres, le 25 août dernier, mais, il est aussi
« parfaitement exact, que ces Messieurs ont un droit indis-
« cutable d'ajouter le nom de Crouy Chanel, à leur nom
« patronymique, et cela pour deux raisons :
« La première, c'est qu'il est d'un usage fréquent de
« porter ou d'ajouter le nom de sa mère à celui de son
« père, dès qu'on y a été légalement autorisé, ce qui est
« leur cas; la seconde, c'est que la famille Crouy Chanel,
« réunie, en conseil de famille, dans la personne de ses
« chefs, en l'année 1835, a sanctionné cette adjonction,
« par un acte authentique, dûment enregistré et déposé
« en l'étude de Me Delaunay, notaire à Paris, Chaussée
« d'Antin, successeur de M. Mestayer.

« Les réclamants peuvent, si cela leur convient, s'assu-
« rer qu'eux-mêmes ou leur père ont rédigé et signé
« l'acte d'affiliation dont il s'agit.

« Est-il nécessaire d'ajouter, que les membres de la fa-
« mille de Croy Chanel, d'origine hongroise, ont des droits
« et *privilèges égaux*, en *qualité de descendants d'Arpad*,
« dès qu'ils appartiennent à cette extraction, *soit par les*
« *hommes, soit par les femmes*, pour concevoir à quel point
« les réclamations en question sont dénuées de fondement. »

C'est une règle universellement adoptée que toute personne attaquée ou diffamée dans un journal a droit de répondre dans le même journal aux attaques dont elle est l'objet et les journaux d'information, en particulier, contiennent journellement des rectifications de ce genre.

En cette circonstance, le *Figaro* ne crut pas devoir suivre la tradition, et voici la lettre qu'il adressa à MM. Gerothwohl de Croy Chanel, lettre que nous avons sous les yeux et que nous transcrivons textuellement sans autre commentaire.

LE FIGARO

26, rue Drouot

Paris 7 novembre 1875

Monsieur,

Nous avons, en effet, dans notre n° du 3 courant inséré une note rectifiant un article précédent, concernant la famille de Crouy Chanel. Nous avons fait cette rectification, de bonne grâce, et avec la meilleure foi, mais il nous serait impossible de donner place à d'autres articles concernant le même sujet, sans appliquer le tarif concernant ces sortes d'insertions, lequel est de 20 francs la ligne.

Veuillez donc, monsieur, nous dire, si nos conditions vous sont agréables, et recevoir l'assurance de notre considération la plus distinguée.

P. P^{on} de l'administrateur.
Signé :

P. S. L'article, tel qu'il est, coûterait environ 800 francs.

A M. le comte de Croy Chanel.

Clefton Cottage 18. Ladbrocke Grove Nottnghill-St.
London.

En présence d'un mauvais vouloir aussi manifeste, M. le comte Henri de Croy, écrivit personnellement à M. de Villemessant, pour faire appel à sa bonne foi. Voici la copie de sa lettre :

Monsieur le rédacteur en chef du *Figaro*, Paris,

Londres, 11 *novembre* 1875.

« J'ai reçu la lettre que vous m'avez fait écrire, portant
« la date du 7 courant, jetée à la poste le 9. Je n'avais
« pas voulu, dans ma lettre du 4 courant abuser de votre
« temps, en entrant dans des détails circonstanciés, ni
« vous faire valoir, que je n'entendais pas me servir de la
« voie de votre estimable journal pour entretenir une polé-
« mique de personnalités. J'avais cru, et jusqu'à nouvel
« ordre, je crois encore, qu'il suffirait de m'adresser à votre
« impartialité, pour que, ayant inséré de bonne grâce,
« comme vous me le déclarez, sous forme de rectification,
« une attaque aussi mal fondée qu'outrageante, contre la
« vérité, vous accueilliez, avec la même bonne grâce et la
« même bonne foi, une réponse légitime et indispensable.

« Je n'ai pas cru devoir ajouter, dans ma lettre d'envoi,
« que si ma réponse en amenait une autre, je supposais
« que vous couperiez court, et refuseriez de donner asile
« plus longtemps à une semblable polémique, en priant
« les parties de s'expliquer chez le notaire que je désigne,
« ou au besoin, devant les tribunaux, ce que je suis tout
« disposé à faire.

« Je veux ignorer, si c'est gratuitement ou non, que la
« note du 3 courant a été insérée, mais je dois rétablir
« l'ordre des faits.

« Vous avez, et cela très obligeamment, sans aucun
« doute, jugé convenable d'insérer, dans votre numéro du
« 9 septembre un petit article nécrologique qui contenait,
« par parenthèse, plusieurs inexactitudes, entr'autres, l'o-
« mission de mon propre nom, mais que je me suis
« abstenu de rectifier, ne tenant nullement à occuper le
« public de ma personne.

« Cependant, puisque cet article que je n'ai ni sollicité,
« ni provoqué, ni payé, a amené, d'une autre source que
« la mienne, une soi-disant rectification, en fait, injurieuse,
« il est de toute justice, et de toute évidence, que j'ai un
« droit incontestable à rectifier des assertions erronées et
« malveillantes, par la même voie, à la même place et
« dans le journal même où elles ont paru devant le public.

« Quoiqu'armé de pièces authentiques, accablantes pour
« ceux qui me dénient le droit de porter un nom (que je
« ne trouve nullement qu'ils aient rendu enviable), mais
« que je ne changerai pas, sous ce qu'on pourrait croire,
« être la pression d'un défi ou d'une défense, ma réponse
« est assez modérée dans la forme, pour ne pas soulever
« d'objection à son insertion.

« Elle se borne à l'énoncé de quelques faits notoires,
« et ne stigmatise pas l'auteur ou les auteurs de cette soi-

« disant rectification comme ils mériteraient de l'être ; mais
« vous ne devez ni ne pouvez m'imposer un sacrifice
« pécuniaire, sous peine de refus d'accueillir une réfu-
« tation à une note qui me dénie mon nom et abolit mon
« état civil et celui de mon frère, alors que le père des
« personnes mentionnées en tête de la liste, et un des
« frères de ma mère (qui n'ont peut-être pas été consul-
« tés, et dont les noms figurent peut-être à leur insu),
« ont passé et signé un acte authentique de la cession
« de leur nom, avec tous les droits et titres y afférents
« (acte déposé chez le notaire Delaunay), et exécuté en vue
« du mariage auquel ils ont assisté à Londres, et dans l'acte
« duquel mariage, se trouve, en toutes lettres énoncé ledit
« nom de Croy, *appliqué à l'époux*, lequel acte est revêtu
« de leur signature et paraphe attestant leur présence.

« J'ai en ma possession des lettres des membres de la
« famille, nommés dans la note du 3 courant, adressées à
« moi-même, d'autres à ma mère, avec la suscription de
« comte de Crouy Chanel, il y en a aussi, entr'autres, par
« lesquelles, le *Chef* de la famille, aujourd'hui décédé, ou
« sa femme, me demandent des secours, ou me remer-
« cient de ceux envoyés.

« Veuillez excuser la longueur et la nature des détails,
« dans lesquels votre refus m'a amené à entrer, mais,
« j'espère que vous ne prolongerez pas plus longtemps
« ce déni de justice, et que vous ne me mettrez pas dans
« la nécessité d'employer les moyens légaux pour ma
« légitime défense, ni d'emprunter la publicité de vos
« confrères de la presse, pour rendre public un débat qui
« serait clos, quant à vous, après insertion de ma réponse
« dans les colonnes de votre journal. »

« Veuillez agréer, etc.
« Signé : COMTE HENRI, G^{hl} DE CROY CHANEL. »

Après l'envoi de cette lettre, MM. Gerothwohl de Croy Chanel, qui savaient avoir pour eux le bon droit, se décidèrent néanmoins, avant de recourir aux moyens légaux, d'attendre de la part de leur cousin, de nouvelles attaques. Elles ne se produisirent pas ; cependant, le comte Gustave de Crouy, cousin germain du comte Henry de Gérothwohl de Crouy Chanel, en accusant à celui-ci réception d'une somme de 800 francs qu'il lui avait prêtée en août 1875, ayant fait, dans sa lettre quelques observations, sur les droits de MM. Gerothwohl de Croy Chanel, droits déjà contestés par la note du 3 novembre 1875, insérée au journal le Figaro, le comte Henry Gerothwohl de Croy Chanel répondit à son cousin, par l'envoi de la lettre suivante :

Paris le 24 juillet 1876.

« Monsieur et cousin,

« Je vous remercie de votre si bonne pensée concer-
« nant nos chers défunts ; merci au nom de ma sainte et
« vénérée martyre de mère, pour laquelle j'ai, de mon
« côté, fait célébrer des messes à Notre Dame des Vic-
« toires.

« 1° En ce qui concerne vos remarques, concernant
« le nom, je ne saurais également, par principe, les laisser
« passer sous silence : vous devez incontestablement
« être de très bonne foi, et ignorer les faits vrais sous leur
« vrai jour, car, à l'appui de nos droits, je possède de lon-
« gues consultations, signées : Berryer, Marie, Vatimenil
« et Guillemin ;

« 2° Vous devez ignorer, sans aucun doute, la volumi-
« neuse correspondance de *mon oncle*, votre père, qui

« écrivit (entr'autres), dans une lettre à notre grand-père
« (lettre en ma possession), que si lui, mon oncle, avait
« une fille, il la donnerait à *mon père*. Cette lettre, ainsi
« qu'une série d'autres, est à votre disposition ;

« 3° Il en est sans doute de même, d'un acte parfaite-
« ment légal d'adoption, régulièrement rédigé, et écrit
« entièrement de la main de votre père, et signé, sans
« exception, par tous les membres de la famille de
« Croy Chanel (alors vivants), en conseil de famille, liant
« à leur décision, eux et leurs descendants, et, y jurant
« de soutenir, et défendre, si besoin était, mon père, ou
« ses descendants légitimes, dans leur nouvelle position
« parfaitement définie, consistant dans le droit absolu de
« joindre le nom de Croy Chanel, aux leurs, ainsi que de
« faire usage des armes de la famille, etc., etc., en un
« mot, de se considérer comme des membres de la famille
« elle-même, et de jouir de toutes prérogatives, sans ex-
« ception, qui pourraient, par naissance, appartenir aux
« Croy Chanel.

« J'ai, depuis bientôt vingt ans, fait enregistrer et léga-
« liser ledit acte de la famille, document également à
« votre disposition ;

« 4° Vous ignorez sans doute l'acte du mariage célébré
« à l'Église Saint-Martin, à Londres, en 1835, où mon
« père est qualifié *Gerothwohl de Croy Chanel*, et auquel
« signèrent comme témoins, votre père, votre vénérée
« mère, notre tante, la marquise de Sauvebœuf, et enfin,
« votre tante, Mme de Saint-Martin ;

« 5° Vous ignorez, sans doute, mon acte de naissance
« ou de baptême auquel signa, comme représentant, et
« pour le compte de votre père, Charles de Crouy et cela
« en qualité de témoin et de parrain ;

« 6° Vous ignorez sans doute le décret impérial légalisant

« ma position, signé par l'Empereur Napoléon III, et porté
« au bulletin des lois;

« 7° Vous ignorez sans doute l'existence de plus de trois
« cents lettres, écrites à nous, par tous les membres de la
« famille, depuis notre grand-père, le chambellan, votre
« père, notre oncle, le prince Auguste, notre oncle, le
« vicomte François, sans parler de celles écrites par la
« branche cadette et signées Raoul et Henry de Croy;

« 8° Vous ignorez, sans doute, l'existence de plusieurs
« documents officiels, obtenus par moi, personnellement,
« de divers souverains existants, nous reconnaissant notre
« nom et nos titres;

« 9° Vous ignorez qu'au moment de mon mariage,
« j'ai dû établir irréfutablement mes droits d'état civil;

« 10° Vous ignorez, sans doute, certaines stipulations
« passées entre notre oncle, le Prince Auguste et moi, au
« moment de son malheureux procès devant les Assises
« de la Seine, appuyées d'une nombreuse correspondance
« mentionnant, sans réticence aucune, les titres et noms
« de la famille;

« 11° Et en fin de compte, si je porte le nom sous lequel
« je suis né, sous lequel j'ai été baptisé, et marié, sous
« lequel j'ai vécu jusqu'aujourd'hui, nom que je n'ai pu
« demander ni refuser, mais que la Providence m'a oc-
« troyé, je saurai le porter haut et ferme, et, avec l'aide
« de Dieu, hors de toute atteinte, je le défendrai énergi-
« quement, jusqu'à mon dernier souffle; même, si j'y
« étais forcé, je pourrais publier les mémoires écrits et
« signés de la main de ma sainte et noble mère, lesquels,
« accompagnés de documents et pièces à l'appui, cause-
« raient sans doute bien des surprises, et détruiraient
« complètement des espérances hostiles, à la grande con-
« fusion de ceux qui s'en leurrent.

« Oui, monsieur et cousin, je le ferais. Comme le
« soldat défend son drapeau, je défendrais le principe
« dont je suis l'héritier, et dont ma mère a été, toute sa
« vie, la victime.

« Croyez-moi, monsieur et Cousin, ce n'est nullement
« par bravade, que je m'exprime ainsi. Je suis armé de
« pied en cape, pour réfuter péremptoirement, actes nota-
« riés en main, les insinuations blessantes que l'on a der-
« nièrement rendues publiques, et que je ne laisserai cer-
« tainement pas se renouveler, sans les mettre à néant, par
« voie judiciaire.

« Je vous porte, personnellement, monsieur et cousin,
« une vive sympathie, ainsi qu'à ceux qui vous sont par-
« ticulièrement chers.

« Ne cherchons point, en remuant le passé à amener un
« cataclysme où s'engloutiraient la réputation et la consi-
« dération de beaucoup de membres de la famille de Croy
« Chanel.

« Veuillez déposer, aux pieds de ma cousine, l'hom-
« mage de mon respect, et croyez-moi

« Votre sincèrement et loyalement dévoué

« Cte Henry G^{hl} de Croy Chanel. »

A la suite de cette lettre, toutes relations cessèrent entres les deux cousins.

Les autres membres de la famille ont continué avec MM. Gerothwohl de Croy Chanel, les rapports d'amitié, qu'ils avaient eus précédemment, et nous en trouvons une preuve toute récente dans la lettre que nous transcrivons ci-après, et qui fut adressée au comte Henry de Croy par sa cousine germaine, la princesse Marie de Crouy Chanel, en religion sœur Benigna, fille de feu le Prince Auguste de Crouy-Chanel, et actuellement supérieure du couvent de Notre-Dame de Sion à Worthing (Angleterre).

27 septembre 1880.

« Mon cher cousin,

« Confiante dans votre bonté et dans les souvenirs
« d'affection qui nous unissent, je prends la liberté de vous
« écrire ces quelques lignes, qui sont d'abord, l'expression
« de ma religieuse reconnaissance pour ce que vous avez fait
« pour les restes vénérés de mon bien aimé père ; que
« Dieu vous bénisse, et console votre tendresse en ren-
« dant heureux ceux que vous aimez.

« C'est la prière que je fais pour vous chaque jour.

« Le bon Dieu m'a confié, depuis six ans, le soin de notre
« mission de Worthing et je suis bien heureuse d'avoir pu
« fonder et soutenir jusqu'à présent un orphelinat et une
« école, pour les pauvres enfants catholiques abandonnés
« et pour qui les maisons de charité anglaises ne s'ou-
« vrent qu'au sacrifice de leur foi.

« J'ai connu la souffrance et il m'est une grande consola-
« tion de consoler les douleurs et d'élever de pauvres en-
« fants dans la piété et le travail, qui en feront de chré-
« tiennes et honnêtes femmes.

« Les épreuves de nos maisons de France mettent nos
« missions à l'étranger en grande peine, dans ce moment,
« je mendie de tous côtés pour arriver à réunir au moins
« 100 livres, ou 2500 fr. que je dois pour le local de nos
« pauvres orphelines. Pardonnez-moi, cher cousin, si j'ose
« vous demander de vous intéresser à ma demande, et de
« prier madame de Croy de se faire avec votre permis-
« sion la patronne de notre orphelinat.

« Je vous prie, cher cousin, de me donner de vos nou-
« velles, je sais que vous avez une charmante fille, qui m'a

« dit ma cousine, madame Chateau, ressemble à ma sœur
« Charlotte. Tout ce qui vous touche m'intéresse.
 « Croyez que je suis dans l'amour de Notre-Seigneur

« Votre sœur dévouée,

« Sœur Marie Benigna de Sion. »

Néanmoins, dans ces derniers temps, craignant de la part de ses cousins une nouvelle dénégation de son droit de porter les noms et armes de la maison de Croy Chanel de Hongrie, le comte Henry Gerothwohl de Croy Chanel, écrivit à M. *Germain Sarrut*, pour lui faire part de ses craintes et lui demander conseil.

Certes, le vénérable M. Sarrut, l'auteur de l'ouvrage *les fils d'Arpad*, l'ardent défenseur des droits et prérogatives de MM. de Crouy Chanel, dans l'intimité desquels il a vécu, était mieux placé que personne pour apprécier le bien fondé des assertions de MM. Gerothwohl de Crouy Chanel.

Voici, la lettre qu'il répondit au comte Henry, il y a six mois à peine.

Pont Levoy (Loir-et-Cher), 26 mai 1880.

« Votre lettre, mon cher monsieur Henry, m'étonne
« beaucoup. Je ne saurais comprendre quelle idée vous
« passe par la tête de prévoir une attaque possible de la
« part de MM. vos cousins.

« Non-seulement, vous avez le droit de vous appeler
« Gerothwohl de Croy Chanel, de Hongrie, mais encore,
« *c'est votre devoir*, car nul ne peut porter un autre nom
« que celui que lui donne son acte de naissance.

« MM. vos cousins ne peuvent contester aujourd'hui :
« puisque l'un d'eux, M. Charles, votre parrain a signé
« votre acte de naissance (28 mars 1840) en qualité de

« parrain et de témoin, et que dans cet acte, votre père
« est désigné, qualifié, Claude-François-Joseph, COMTE
« DE GEROTHWOHL DE CROY CHANEL DE
« HONGRIE, chevalier héréditaire de Malte; en outre,
« leur père était présent et a signé comme témoin au
« mariage de votre mère avec Joseph Gerothwohl de
« Croy (16 mai 1835); il approuva donc la prise de
« possession, par M. Joseph Gerothwohl, du nom de
« Croy, droit que la famille lui avait concédé, octroyé dans
« les termes les plus formels, et dont vous devez avoir
« connaissance, et que MM. vos cousins paraissent ignorer.
« J'ai copie de cette pièce que je vous engage à leur com-
« muniquer.

CONSEIL DE FAMILLE DE LA MAISON CROUY CHANEL DE HONGRIE

« *Par décision de son conseil, la maison Crouy Chanel de*
« *Hongrie autorise M. Joseph Gerothwohl, qui, allié à la*
« *famille par son mariage avec demoiselle Clémentine de Crouy,*
« *fille de M. Claude-François de Hongrie, marquis de Crouy*
« *Chanel, à joindre le nom de Crouy à son nom de Gerothwohl,*
« *à prendre les armes royales de Hongrie, d'argent et de gueules,*
« *fascées de huit pièces, promettant de le soutenir et défendre dans*
« *cette nouvelle position, comme un membre de la maison de*
« *Hongrie, et réclamant de lui fidélité au serment que prête*
« *chaque membre de la famille, et ont signé (dans cet ordre)*, LE
« CHAMBELLAN, *le* GRAND-PÈRE, *votre* ONCLE HENRI, *votre*
« *oncle Auguste, votre oncle François.*

« Ainsi, remarquez-le bien, c'est le père de MM. vos
« cousins *qui a pris le pas*, sur votre oncle Auguste, et, si
« je ne me suis pas trompé, a, pour la rédaction de cet
« acte, servi DE SECRÉTAIRE ; en outre, cette pièce avait été

« remise à M. Joseph Gerothwohl, *avant le mariage* ce qui
« autorise la rédaction de l'acte.

« Maintenant, mon cher monsieur Henri, bien qu'il ne
« soit pas à présumer qu'aucune discussion puisse, dans
« l'avenir, s'élever sur la légitimité des titres de la maison
« *Gerothwohl de Croy, ou mieux Crouy Chanel de Hongrie,* vous
« agirez avec prudence, en réunissant tant pour vous, que
« pour vos petits-enfants ou neveux, les principaux titres,
« documents et correspondances, relatifs à vos noms, titres
« et armes, qui rattachent votre branche à la maison de
« Hongrie et d'Arpad suivant la loi *qui rendait le trône de
« Hongrie électif* et non *héréditaire,* pourvu *que l'on appartînt
« au sang des Arpad, peu importe que ce fût du côté des femmes,
« puisqu'il n'a jamais existé de loi salique dans votre famille.*

« Donc et de fait, il vous suffit d'établir, *d'après les con-
« ventions matrimoniales de famille,* que vous êtes bien les
« fils légitimes de votre mère dont l'oncle, le père et les
« frères ont, ainsi que je l'ai prouvé, établi leur descen-
« dance indiscutable d'Arpad par *Félix de Hongrie de Crouy
« Chanel;* pour que, de ce fait, vos titres, ou ceux de vos
« descendants puissent être considérés comme admissibles,
« même à la couronne de Hongrie, et se trouvent être les
« mêmes que ceux de la maison de Hapsbourg, qui ne
« règne actuellement sur la Hongrie, que par suite de
« l'élection de Charles Martel en 1291, lequel était,
« comme vous, le fils d'une femme de la maison d'Arpad.
« Ce qui n'empêcha pas le pape Nicolas IV et les seigneurs
« hongrois de lui donner la couronne royale, au détriment
« d'André III, dit le Vénitien, qui fut dépossédé, bien qu'il
« eût été couronné roi de Hongrie en 1290, il dut aban-
« donner le trône, et mourut en 1303.

« Charles Martel n'avait de droits que parce qu'il était
« le fils de la fille de Ladislas le Cuman (ou le Cumain)

« qui avait, lui-même, fait proclamer le jeune André, son
« cousin, comme son héritier présomptif.

« Je ne veux pas refaire une note héraldique. Relisez
« ma brochure et celles de notre excellent ami le baron
« Nyary ; je me contente de la citation du fait précédent,
« et j'ajouterai que depuis plus de quarante ans que la
« branche *de Gerothwolh de Croy Chanel de Hongrie* est for-
« mée, aucun des membres de la famille collatérale de
« Croy ou de Crouy Chanel, ne lui a régulièrement con-
« testé, les prérogatives attachées à son nom ou à ses
« titres, car je ne peux pas prendre au sérieux l'espèce
« de protestation insérée dans les colonnes du *Figaro* du
« 3 novembre 1875, que vous ne connaissez peut-être
« pas même, tandis que, par une série de lettres que
« vous devez avoir, divers membres, et surtout votre
« oncle Henri, n'ont cessé de vous qualifier de ces noms
« et du titre de membre de la famille de G^{hl} *de Croy*
« *Chanel* et qu'en outre plusieurs souverains, ont tacite-
« ment approuvé vos droits, soit par diverses lettres
« émanant, entr'autres, de la maison de l'empereur Napo-
« léon III, qui vous nomme secrétaire des commandements
« de sa cousine, S. A. I. la princesse Bacciochi, chez
« laquelle vous avez rempli un certain temps, ces fonctions
« à Corner-houet, où elle possédait de vastes domaines.

« Conservez aussi, mon cher monsieur Henri, les
« lettres que le dernier landgrave souverain de Hesse-
« Hombourg adressa *personnellement* à Mme votre mère ;
« Ce serait bon à produire.

« Enfin, le gouvernement autrichien lui-même, en pro-
« posant, par M. de Rechtberg (depuis ministre), des
« facilités pour vous faire entrer dans le corps des cadets,
« n'a-t-il pas reconnu *de fait* vos droits de vous qualifier
« comte *Gerothwolh de Croy Chanel de Hongrie* et en recon-

« naissant à un de vos cousins, le droit de porter la croix
« de Malte, en vertu de vos droits héréditaires, de par
« les Arpad, et dont le bénéfice s'étend à tous les mem-
« bres de la famille des branches de *Crouy Chanel de*
« *Hongrie.*

« Enfin, mon cher monsieur Henri, par un décret du
« 24 août 1861 (j'ai bonne note) inséré au bulletin des
« lois, signé de l'Empereur Napoléon III, et contresigné
« par le ministre de la justice, la jouissance de vos droits
« civils de Français ne vous a-t-elle pas été accordée, en
« vous qualifiant Gerothwohl de Croy Chanel.

« Enfin, s'il est très possible de contester à M. Joseph
« Gérothwohl le droit soit de se dire comte, soit de porter
« le ruban noir, le droit des deux fils ne saurait leur être
« contesté attendu, qu'en raison de l'origine royale de la
« famille de la mère, les fils sont, de par le ventre, princes
« par définition d'état.

« Dormez donc, mon cher monsieur, dormez sans souci,
« et ne changez rien à votre situation qui est votre droit...

    Agréez, etc....

    Signé : GERMAIN SARRUT. »

L'opinion de M. Germain Sarrut, nous semble en cette matière, devoir faire loi, surtout pour les membres de la maison de Crouy Chanel de Hongrie.

Pour suivre son conseil, le comte Henri de Crouy Chanel, a réuni, les lettres à lui adressées ; par un certain nombre de personnages officiels.

C'est de cette collection que nous avons eue sous les yeux que nous avons extrait un certain nombre de lettres que l'on trouvera à la fin de ce volume.

Ces lettres adressées, pour la plupart, au comte Henry *Gérothwohl de Croy Chanel*, sont une reconnaissance de ses droits à porter les noms sous lesquels il a été inscrit, sur les registres de l'état civil, et qui sont bien siens, soit par le fait de sa naissance, soit par suite de l'acte d'adoption de son père par les membres de la famille de CROUY CHANEL DE HONGRIE.

CONCLUSION

Pour conclure, nous résumerons en quelques mots les trois faits que nous avons voulu établir, savoir :

1° Que les descendants directs et légitimes d'Arpad, établis en France au XIIIe siècle, dans la personne des deux fils d'André III, qui y ont formé la maison de CROUY CHANEL DE HONGRIE, se sont perpétués jusqu'à nous, et que de nos jours, ils ont formé plusieurs branches, directes et légitimes, établies soit en France, soit en Autriche Hongrie, et que dans l'un comme dans l'autre de ces pays, il ne s'élève aucun doute sur l'authenticité de leur royale origine.

2° Que les autres familles, établies, soit en France, soit en Belgique et en Allemagne, et portant le nom de CROY, n'ont, malgré les hautes situations acquises par un grand nombre de leurs membres, aucune communauté d'origine avec la maison de *Crouy Chanel de Hongrie*.

3° Que la branche des comtes *Gerothwohl de Crouy Chanel*, issue du mariage de Mlle Clémentine de Crouy Chanel, avec M. Joseph Gerothwohl, auquel les chefs de la famille, en raison des preuves de dévouement par lui données à la maison de Hongrie de Crouy Chanel, ont accordé le droit, en l'adoptant, de joindre à son nom patronymique, celui de Crouy Chanel, et de prendre les armes de la maison royale de Hongrie, est un rameau légitime de la branche cadette, devenue branche aînée, de la famille de Hongrie, et que ses membres ont droit, aux noms, titres, armes et décorations héréditaires qui sont l'apanage des descendants directs et légitimes d'André II.

Que MM. de Crouy Chanel essaient s'ils le veulent de défendre aux fils de MM. Joseph Gerothwohl de porter le nom, que dans leur reconnaissance leur père était bien aise de donner à ce dernier ; il existe assez de documents authentiques à placer sous leurs yeux, et s'ils le désirent sous ceux du public, pour les rappeler aux sentiments que devrait leur inspirer la reconnaissance, s'ils ont oublié le serment que prêtent tous les membres de la famille, serment mentionné dans l'acte de 1835, par lequel chacun d'eux s'engage à soutenir et défendre les autres.

PIÈCES JUSTIFICATIVES

Note A

ÉNONCÉ DES ACTES

ÉTABLISSANT LA FILIATION

DE

la Famille de Crouy Chanel de Hongrie

depuis 1279, jusqu'en 1790

PRODUITS LORS DE L'INSTANCE DE 1790

devant la Chambre des Comptes du Dauphiné

ET EN 1839 ET 1860

devant le Tribunal civil de Grenoble, et devant le Conseil du Sceau des Titres

PIÈCES JUSTIFICATIVES

ACTES ORIGINAUX PRODUITS EN 1790

Voici la liste des pièces produites en original, à la Chambre des comptes du Dauphiné et enregistrées au greffe de cette Chambre :

Pour le 1er, 2e, 3e et 4e degré.

I. — Traité fait à Brastole le 1er mars 1279, entre Félix de Crouy Chanel qualifié : noble, puissant et magnifique seigneur, fils du seigneur André Crouy Chanel, et arrière petit-fils d'André II, roi de Hongrie, et les habitants du lieu, acte reçu par Aynard, notaire impérial.

II. — Investiture et quittance de lots passées, le 5 des Ides de décembre 1286, par dame Guigone, dame de la Tour d'Allevard, veuve de Félix Crouy Chanel, chevalier, reçue par Hugo Grenisii, notaire d'Allevard.

III. — Partage de biens du 9 février 1282, entre les seigneurs Félix Crouy Chanel et Marc Crouy Chanel, fils d'André dit le Vénitien, petit-fils du prince Étienne et arrière petit-fils d'André, roi de Hongrie, ainsi désignés dans cet acte, où l'origine des exposants se trouve formellement rappelée, ainsi que la circonstance qui leur fit prendre le nom de Crouy, et qui explique en même temps, pourquoi le même nom est attribué dans plusieurs actes de cette époque, à André le Vénitien lui-même. Cet acte reçu par Pilati, notaire, fut passé à Allevard, dans la tour du Treuil.

IV. — Quittance passée le 27 avril 1282, par le seigneur Félix Crouy Chanel, en faveur du seigneur Marc de Hongrie son frère cadet, et en exécution de l'une des clauses de l'acte sus énoncé.

Pour le 5e degré.

V. — Quittance passée en 1309 par Ambroisie de Commiers, femme d'Antoine Chanel, chevalier, reçue par Aymo Combri, notaire à Goncelin.

VI. — Reconnaissance passée le 16 juin 1336 en faveur d'Antoine Chanel, chevalier, seigneur de la tour d'Allevard, reçue par Jacobo Limini, notaire de Saint-Pierre d'Allevard.

Pour le 6e degré

VII. — Contrat de mariage du 9 décembre 1308, reçu par Lantelme Guenesii, notaire, de Pierre Crouy Chanel, fils du seigneur Antoine Crouy Chanel, avec demoiselle Agnès de Sassenage. Ce contrat est signé de l'agrément et volonté du dauphin Jean et de Béatrix de Hongrie son épouse, issue, comme le futur époux, du sang royal de Hongrie.

VIII. — Traité du 4 février 1327, entre l'exacteur des péages de Goncelin, et nobles Antoine Limin et Pierre Chanel dit Crouy. Reçu par Johannes Channéti, notaire d'Allevard.

IX. — Fondation faite le 2 juillet 1330, par noble Pierre Chanel, en faveur de la chartreuse de Saint-Hugon. Reçue par Petrus Revolli, notaire de Goncelin.

X. — Vente passée le 27 mai 1331 par Pierre Chanel, fils de noble Antoine Chanel, reçue par Lantelmus Genesii, notaire d'Allevard.

Pour le 7ᵉ degré.

XI. — Reconnaissance passée le 9 février 1336, par noble Guillaume Chanel d'Allevard, acte reçu par Petrus Revolli, notaire de Goncelin.

XII. — Vente passée le 17 octobre 1340, par Hugonnet Guelis, à Guillaume Chanel Chevalier, acte reçu par Petro Pilati, notaire d'Allevard.

XIII. — Investiture et quittance de lods passées, le 26 novembre 1340, par Messire Duvillard en faveur de noble Guillaume Chanel d'Allevard; acte reçu par Lantelmus Genesii, notaire d'Allevard.

XIV. — Traité de partage de biens du 7 mai 1341, où Guillaume Chanel est désigné comme arbitre, acte reçu par Guigues Enyseti, notaire de Grenoble.

XV. — Investiture et quittance de lods, passées le 17 octobre 1341, par Messire Guillaume Chanel et Pierre Furbaud; actes reçus par Lantelme Guenisii notaire d'Allevard.

XVI. — Testament du 1ᵉʳ octobre 1349, de Jeanne, veuve de Guillaume Chanel, fils de noble Pierre Chanel, chevalier, acte reçu par Petrus Rigoti, notaire d'Allevard.

Pour le 8ᵉ degré.

XVII. — Donation du 19 juin 1380, par Guillaume Conrad, en faveur de noble Jean Chanel, d'Allevard, acte reçu par Johannes de Senis, notaire d'Allevard.

XVIII. — Obligation passée le 25 février 1385, par noble Jean Chanel, en faveur de noble François Dupeloux, acte reçu par Ludovicus Vinozeti, notaire de Saint-Pierre d'Allevard.

XIX. — Quittance passée le 29 juin 1489, à noble Hector Chanel constatant que noble Jean Chanel fut fils de Guillaume, et qu'il avait épousé noble demoiselle Richarde de Mailles.

Pour le 9e degré.

XX. — Quittance du 8 février 1401. Acte reçu par Petrus Rovelli, notaire à Goncelin.

XXI. — Lettre missive du 22 avril 1404, adressée par Dedin notaire de la Tour d'Allevard, au seigneur Jehan de Chanel, chevalier en la guerre du Viennois, à Estraolins.

XXII. — Rectification du 28 décembre 1416 entre Jean Chaudelet et noble Jean Chanel d'Allevard, acte reçu par ohannes Dedini, notaire d'Allevard.

Pour le 10e degré.

XXIII. — Procédure du 24 août 1434, pour réparation au pont d'Allevard, ordonné par noble et puissant homme Rodolphe Chanel, châtelain Delphinal d'Allevard, acte reçu par Jacobo Dedini, notaire d'Allevard.

XXIV. — Quittance passée le 15 août 1439 par noble Rodolphe Chanel, fils de Jean Chanel, damoiseau, de la dot de Marguerite Duclos, sa femme. Acte reçu par Johannes Dedini, notaire d'Allevard.

XXV. — Testament du 7 avril 1443, de noble et puissant homme, Rodolphe Chanel fils de noble Jean Chanel et de Jeanne Dupeloux, tiré du cahier 32 du protocole du notaire, Bernard d'Allevard.

Pour le 11e degré

XXVI. — Lettre missive du 14 février 1435, adressée par Jean de Bardonèche à très noble damoiselle des Chanels (sœur d'Hector de Chanel, fils de Rodolphe), avec cette suscription : *A très noble damoiselle, damoiselle Catherine des Chanels, en la maison du seigneur des Chanels, son cher et honoré père, en Allevard.*

XXVII. — Vente passée le 16 juin 1462, par noble et puissant homme Hector Chanel, fils, à messire Rodolphe, de rentes à Allevard, acte reçu par Jean Michel, notaire à Allevard.

XXVIII. — Échange du 22 janvier 1464 entre noble Hector Chanel, fils de noble Rodolphe Chanel, et Nicolas Desseints. Acte reçu par Johannes Michaelis, notaire à Allevard.

XXIX. — Lettre missive adressée le 23 février 1481, par Bressaud, clerc, avec cette suscription, *au très magnifique seigneur, le seigneur Hector Crouy de Chanel, chevalier, en Allevard.*

XXX. — Testament du 28 décembre 1488 de noble Hector Chanel, fils de noble et puissant homme Rodolphe Chanel, qui lègue à noble Michelle de Grollée femme de Jean, son fils, sa grande croix d'or ornée de douze diamants, voulant que ladite croix soit en vénération dans sa famille, attendu qu'elle avait été anciennement apportée par pieux et magnifique André Crouy Chanel, le plus illustre des ancêtres du testateur, issu de sang royal, et que ladite croix avait été bénite sur le Saint-Sépulcre, à Jérusalem, avant le retour dudit André de Crouy de Chanel de la Terre-Sainte.

XXXI. — Quittance passée le 29 juin 1489 au nom de

vénérable François Tromblet, curé d'Allevard, de rentes de la fondation de noble Richarde de Mailles, veuve de noble Jean Chanel, tirée du Folio 200, du protocole de Bernard notaire d'Allevard.

Pour le 12ᵉ degré.

XXXII. — Quittance passée le 6 juin par noble Jean Chanel, fils de noble Hector Chanel d'Allevard, damoiseau, acte reçu par Johannes Ourandi, notaire à Grenoble.

XXXIII. — Reconnaissance passée le 5 août 1528 par noble Jean Chanel, fils de noble Hector, en faveur du recteur de la chapelle de Saint-Sebastien d'Allevard, extraite du folio 34 du terrier de la cure d'Allevard, reçue par Dedini, notaire d'Allevard.

XXXIV. — Donation du 9 mai 1530, par dame Michelle Grolée de Viriville, femme de noble Jean Chanel à noble Catherine sa petite-fille fille, de noble Louis-Georges Chanel, extraite du folio 127 du protocole de Pierre Lymerie, notaire à Allevard.

Pour le 13ᵉ degré.

XXXV. — Vente passée le 16 août 1537 par Ennemond Caillat, à noble Georges Chanel, fils de Jean III, de quelques rentes, avec directes et lods, acte reçu par Guillelmo Roybety, notaire à Grenoble.

XXXVI. — Testament du 8 novembre 1537, de noble Louis-Georges de Chanel fils à Jean de Crouy Chanel (3ᵉ du nom) et de Michelle de Grolée. Acte reçu par Lymerie, notaire à Allevard.

XXXVII. — Lettre missive adressée le 21 février 1541 par Michelle de Grolée à : *monsieur mon très cher fils Loys Georges de Chanel, chevalier, à Lyon.*

XXXVIII. — Reconnaissance de noble Jean Didelle, du 8 août 1542, en faveur de la cure d'Allevard, où fut présent noble Louis Georges Chanel, reçue par Vincent, notaire à Allevard.

Vente passée par noble Louis Georges Chanel, écuyer, le 9 décembre 1560, acte reçu par Aymé Michiel, notaire d'Allevard.

XXXIX. — Autre acte à la suite du précédent au profit de noble Louis Georges Chanel, acte reçu par de la Barrière, notaire.

Pour le 14ᵉ degré.

XL. — Vente passée le 8 mai 1543, par noble Jean de Chanel (4ᵉ du nom), fils de noble Louis Georges Chanel, acte reçu par Chioze, notaire à Allevard.

XLI. — Lettre missive du 2 décembre 1553 adressée par Jean de Chanel, à sa mère.

XLII. — Autre lettre du même, adressée le 17 juillet 1557, avec cette suscription : *à monsieur Loys Georges de Chanel, ancien capitaine des gens d'armes de monseigneur de Coligny en Allevard, Dauphiné.*

XLIII. — Lettre missive adressée le 2 avril 1562, par Claude de Chanel, à Jean de Chanel, son père, en Allevard.

XLIV. — Testament du 1ᵉʳ février 1568 de demoiselle Catherine Chanel, fille de noble Louis Georges Chanel, par lequel elle fait un legs à noble Jean Chanel (4ᵉ du nom), son frère, folio 4 du protocole de Tarantezin, notaire à Allevard.

XLV. — Commission de capitaine de deux cents hommes à pied, adressée le 23 mai 1594, par François de Bonne de Diguière et de Serres, lieutenant général pour le roi, au capitaine Claude Chanel.

XLVI. — Lettre missive adressée le 21 avril 1598, par M. de Lesdiguières, au capitaine Claude Chanel, avec cette suscription : A M. Claude de Chanel, capitaine de deux cents hommes de pied, en Allevard.

Cette letrre signée Lesdiguières est entièrement écrite de la main de ce personnage célèbre. On y remarque cette phrase : *Je vous aurais fait expédier sur le champ des lettres de noblesse, comme j'ai fait à mon cadet de Charence, si n'était notoire que vos ancêtres en octroyaient aux autres.*

Pour le 15e degré

XLVII. — Contrat de mariage du 18 février 1565 de noble Claude Chanel, avec noble demoiselle Catherine Charra. Acte reçu par Noé Roux, notaire à Allevard.

XLVIII. — Acte de baptême du 24 décembre 1575, d'un fils à noble Claude Chanel, nommé Laurent, tiré du folio 8, du registre de la paroisse de Saint-Marcel d'Allevard, tenu par Sandrot, curé.

Pour le 16e degré

XLIX. — Acte de baptême du 12 novembre 1574 de Philibert, fils à noble Claude Chanel, extrait du folio 5 du registre de la paroisse de Saint-Marcel d'Allevard.

L. — Contrat de mariage de noble Philibert Chanel, fils de noble Claude Chanel, extrait du folio 66 du protocole de Poussard, notaire à Allevard.

LI. — Ratification du 3 août 1602 par noble et spectable Philibert Chanel, fils de noble Claude, des accords et partage entre Clermonde Hélène Dufaure, sa femme et ses sœurs. Acte reçu par Du Roux, notaire à Allevard.

Pour le 17ᵉ degré.

LII. — Acte de baptême de François-Laurent Chanel fils de noble Philibert Chanel, extrait du folio 207 du registre de la paroisse de Saint-Marcel d'Allevard.

LIII. — Obligation passée par nobles Philibert et François-Laurent de Chanel, père et fils, reçue par Robin, notaire à Artimonay.

LIV. — Mariage du 16 février 1625, de noble François-Laurent de Chanel, fils de noble Philibert de Chanel, reçu par Robin, notaire à Crepol.

LV. — Commission du 20 mars 1642, de la charge de sergent-major au fort Barraulx, pour François-Laurent de Chanel, signée *Louis*, et plus bas, par le roi, signé *Letellier*.

LVI. — Lettres patentes du 22 novembre 1664, en faveur de noble François-Laurent Chanel.

Pour le 18ᵉ degré.

LVII. — Acte de baptême du 5 avril 1626, de noble Claude Chanel, fils de noble François-Laurent, extrait des registres de la paroisse de Saint-Hugues de Grenoble.

LVIII. — Commission du 28 septembre 1651, de capitaine d'infanterie italienne, en faveur dudit Claude Chanel.

LIX. — Contrat de mariage de Claude Chanel (2ᵉ du nom), fils de François-Laurent, et de Mlle Anne Donnet, acte reçu par Pascal, notaire à Grenoble.

LX. — Transaction, d'entre noble François-Laurent, ancien major du fort Barraulx et Claude, son fils, du 2 février 1670, acte reçu par Robin notaire.

LXI. — Arrentement passé le 21 août 1679, par Claude Chanel, reçu par Rozon, notaire à Grenoble.

LXII. — Testament de Claude Chanel (2ᵉ du nom) du 5 novembre 1683, reçu par Louis Février, notaire à Grenoble.

Pour le 19ᵉ degré.

LXIII. — Acte de baptême du 30 janvier 1677 de Claude Chanel, 3ᵉ du nom (registre de la paroisse Saint-Hugues.

LXIV. — Congé du 20 janvier 1697 donné par le comte de Viriville, en faveur dudit Claude Chanel.

LXV. — Mariage du dit Claude, fils de Claude II, avec demoiselle Pison, 19 novembre 1713. Paroisse Saint-Hugue.

LXVI. — Transport de diverses sommes de la dot de demoiselle Pison, par sa mère, à Claude Chanel son gendre, acte reçu par Samuel, notaire.

LXVII. — Certificat de réception de M. Claude Chanel au bureau de l'élection de Grenoble, 9 décembre 1723.

LXVIII. — Traité du 2 janvier 1727, entre noble Claude Pison et Claude Chanel.

LXIX. — Pension viagère constituée le 28 mars 1738 par M. Claude Chanel en faveur de François Paul Chanel, son fils, frère prêcheur, acte reçu par Marchand jeune, notaire à Grenoble.

LXX. — Testament olographe du 11 juillet 1742, du dit Claude Chanel (3ᵉ du nom).

Pour les 20ᵉ, 21ᵉ, 22ᵉ degrés, branche aînée et les 20ᵉ, 21ᵉ, 22ᵉ degrés, branche cadette.

LXXI. — Acte de baptême du 26 avril 1717 de noble Jean Claude, fils de Claude III. Paroisse Saint-Hugues, signé Rambaud, vicaire.

LXXII. — Convention sous seing privé du 28 janvier 1741, du mariage de M. Jean Claude Chanel, avec demoiselle Françoise Lacroix de Roussillon.

LXXIII. — Acte de célébration dudit mariage, 4 février 1741, signé Rambaud, vicaire de Saint-Hugues.

LXXIV. — Transaction du 27 juillet 1751, entre noble Jean-Claude Chanel, et noble François-Nicolas, son frère, acte reçu par Girard, notaire à Grenoble.

LXXV. — Acte de baptême du 10 décembre 1741 de Claude Chanel (4e du nom), fils de noble Jean-Claude, registres de la paroisse Saint-Laurent de Grenoble.

LXXVI. — Contrat de mariage du 30 août 1760, de M. Claude Chanel, fils de noble Jean-Claude avec demoiselle Élisabeth Naulot. Ogier, notaire à Grenoble.

LXXVII. — Acte de célébration dudit mariage, 1er septembre 1760, registres de la paroisse Saint-Hugues de Grenoble.

LXXVIII. — Brevet de capitaine de dragons en faveur de noble Claude Chanel, du 6 octobre 1778, signé LOUIS, et plus bas *Castries*.

Licitation, entre Jean-Claude Chanel, fondé de la procuration de noble Claude Chanel son fils, et les sieurs et dame Joly, du 5 avril 1784, reçue par Ogier, notaire à Grenoble.

LXXIX. — Brevet du 4 janvier 1788, d'une compagnie d'infanterie, en faveur de Claude Chanel, signé LOUIS, et plus bas, la *Luzerne*.

LXXX. — Quittance du 4 juillet 1789, donnée par les sieurs et dame Joly à noble Claude Chanel, reçue par Cirard, notaire à Crenoble.

LXXXI. — Actes de baptême des quatre enfants de Claude IV Chanel, savoir :

1° Françoise-Julie, du 20 mars 1762, Saint-Hugues de

Grenoble, ensemble son contrat de mariage du 15 septembre 1788, avec noble Gaspard Lambert d'Hauterarre, reçu et signé Girard, notaire;

2° De Justine-Clémence Chanel, du 27 avril 1763, extrait des registres de la paroisse Saint-Hugues de Grenoble.

3° De Marie-Elisabeth Chanel, du 29 avril 1769. Née le 26 novembre 1768, extrait des registres de la paroisse de Notre-Dame des Verettes, au quartier de l'Artibonite, île et côte de Saint-Domingue, ensemble sans contrat de mariage avec noble Luc Xavier Toscan, seigneur d'Allemond.

4° Et enfin de noble Claude-François-Nicolas Chanel, fils de noble Claude Chanel, quatrième du nom, et de demoiselle Elisabeth Naulot du 3 juillet 1775. Né le 12 juillet 1774, extrait des registres de la paroisse Notre-Dame des Verettes au quartier de l'Artibonite, île et côte de Saint-Domingue.

LXXXII. — Acte de baptême du 11 novembre 1718 de François-Nicolas Chanel, fils de Claude Chanel (3° du nom) et de demoiselle Elisabeth Pison, extrait des registres de la paroisse Saint-Hugues de Grenoble, signé Rambaud, vicaire.

LXXXIII. — Acte de vente passé le 14 octobre 1843, par M. de Rocheblaye, à M. François-Nicolas Chanel, sous le cautionnement de M. Claude Chanel, son père, du fief de l'Hortal Maison forte d'Argenson. Acte reçu et signé par Mes Revol et Toscan, notaires à Grenoble.

LXXXIV. — Quittance du 4 mars 1744, de ladite acquisition, reçue par les mêmes notaires.

LXXXV. — Contrat de mariage du 14 juin 1753, de noble François-Nicolas Chanel, fils de Claude Chanel (3° du nom), et de demoiselle Elisabeth Pison, avec demoiselle Françoise-Marguerite Samuel, acte reçu et signé par Mes Revol et Accarier, notaires à Grenoble.

LXXXVI. — Acte de vente d'une maison à Grenoble, passé par noble François Nicolas Chanel, seigneur de la Maison forte d'Argenson, à M. Revol, procureur au Parlement du Dauphiné, acte reçu par Trouillon, notaire à Grenoble, le 21 janvier 1787.

LXXXVII. — Acte de baptême des enfants de François Nicolas Chanel, savoir :

1° De Claude François Chanel, du 15 mai 1754.
2° De Marie Emerentiane Chanel, du 18 juin 1760.
3° De Claude Henry Chanel, du 15 juillet 1764.
4° De François Zacharie Chanel, du 7 septembre 1766.
5° Et de Julie Marguerite Madeleine Chanel, du 19 août 1772.

LXXXVIII. — Brevet de lieutenant en premier au corps royal d'artillerie du 10 octobre 1788, en faveur de Claude Henry chevalier de Chanel, fils de noble François Nicolas Crouy-Chanel.

LXXXIX. — Lettre de lieutenant en second au corps royal du Génie, du 15 décembre 1786, en faveur de François Zacharie de Chanel, fils de noble François Nicolas Crouy Chanel.

TITRES

RETROUVÉS POSTÉRIEUREMENT A L'INSTANCE DE 1790

ET PRODUITS

par le Prince Auguste de Crouy Chanel en 1860

devant le Conseil du Sceau des Titres

I. — PIÈCE DE 1290.

Jugement d'assise rendu à Amiens, entre noble dame Guigone de la Chambre, Dame, en partie de la Tour d'Allevard, comme veuve de noble seigneur Félix de Hongrie, chevalier, fils aîné de noble prince André, duc de Hongrie, et aussi, comme ayant, ladite dame, la tutelle des trois enfants mineurs dudit Félix, Antoine, André et Jean de Hongrie, d'une part.

Et le sieur Marc de Hongrie, sire en partie de Crouy et d'Araines et frère puiné, dudit seigneur Félix, d'autre part.

Cet acte se trouve dans le sixième volume des cartulaires, pages 103 et 104.

II. — PIÈCE DE 1292.

Fondation de Marguerite de Sicile, femme du comte

Charles de Valois, faite en 1292, au chapitre de Notre-Dame d'Amiens, pour le repos de l'âme de feu noble chevalier Félix de Hongrie, jadis seigneur en partie de Crouy s. Somme, cousin de Marguerite, et fils aîné de très noble Prince André de Hongrie.

Cet acte se trouve comme le précédent, dans le sixième volume des cartulaires, page 33.

III. — Obit de très noble chevalier de Félix de Hongrie jadis, co-seigneur de Crouy-sur-Somme, et fils aîné de très noble Prince André de Hongrie, et de dame Sybille Cumana, de Venise.

La fondation est faite par Marguerite de Sicile, femme de Charles Comte de Valois, cousine dudit Félix, tant par son père que par sa mère.

Cet acte se trouve dans trois registres : 1° dans le 6ᵉ volume des cartulaires, page 131 ; 2° dans le registre nécrologe, coté au dos 33 page 167, n° XVIII du mois de juin ; 3° dans un registre grand in-folio en parchemin, étiqueté au dos, necrologium. page 58 n° XIX du mois de juin. Ces trois volumes sont aux archives de la cathédrale d'Amiens.

IV. — Obit de très noble chevalier Antoine de Hongrie dit Chanel, autrefois Croy, fils d'illustre chevalier, Félix de Hongrie, et de dame Guigone de la Chambre.

Cet acte se trouve comme le précédent, dans 3 registres, 1° dans le 6ᵉ volume des cartulaires, page 129 ; 2° dans le registre n° 33, page 142 ; 3° dans le necrologium page 500.

V. — Obit de très noble chevalier, Jean de Hongrie, dit Chanel, autrefois Croy, fils de Guillaume de Croy Chanel.

Cet acte se trouve dans 3 registres : 1° dans dans le 6ᵉ volume des cartulaires, page 117 ; 2° dans le registre n° 33, p. 12 et 13 ; 3° dans le necrologium, page 5.

VI. — Obit *de Marc de Hongrie*, 2ᵉ fils d'André, Prince

de Hongrie et de Dame Sybille Cumana, fondé par Elisabeth de Renty.

Cet acte se trouve dans les trois mêmes registres : 1° dans le 6° volume des cartulaires, p. 133 ; 2° dans le registre n° 33, page 191 ; 3° dans le necrologium, page 3 de la 2° partie.

Note B

COUR DE CASSATION

7, 19 et 20 Avril 1830

COPIE

DE CE QUI EST RELATIF

AU NOM DE CROUY-CHANEL

contre

CROUŸ D'HAVRÉ

EXTRAIT

DE LA GAZETTE DES TRIBUNAUX

du 7 avril 1830

JUSTICE CIVILE

COUR DE CASSATION

AUDIENCE DU 6 AVRIL

Présidence de M. le Premier Président PORTALIS

POURVOI

DE

Monsieur le Marquis de Crouy-Chanel

Une Cour royale peut-elle d'office, sans conclusions d'aucune partie, ni réquisition du ministère public, ordonner une suppression de nom dans un jugement et partout où besoin sera ? (*Rés. nég.*).

Cette cause qui, depuis longtemps, occupe une place dans les fastes judiciaires, vient d'offrir une singularité re-

marquable en jurisprudence. Après avoir vidé un débat purement pécuniaire dans lequel il ne s'était nullement agi d'une question d'état, la Cour royale de Paris ajouta aussitôt dans son dispositif : « ... Et d'*office*, ordonne qu'en
« vertu des précédents arrêts et à la diligence du procureur
« général du roi, le nom de Crouy sera rayé de la minute
« et de l'expédition de la sentence dont est appel, et *partout où besoin sera.* »

M. le marquis Auguste de Crouy-Chanel s'est pourvu en cassation contre cet arrêt

« Messieurs », a dit M. Guillemin, son avocat, « si l'arrêt de la Cour royale de Paris, dénoncé à votre censure, n'était pas sous vos yeux, vous ne pourriez pas y croire ! Cet arrêt juge d'*office* et déclare juger d'*office*, c'est-à-dire sans autre mission que celle du *bon plaisir* des juges, que le marquis de Crouy Chanel de Hongrie n'a pas le droit de porter le nom de *Crouy*, le nom inscrit dans son acte de naissance, le nom des ancêtres, le nom qui fonde sa possession d'état.

« Il n'y avait pas de procès sur ce point, pas de question, pas de conclusions, pas d'adversaire, par conséquent, pas même de défense possible. C'est incidemment dans un débat pécuniaire, tout à fait étranger à la qualité des personnes, que la Cour royale, de sa seule autorité, s'est brusquement emparée du nom de l'une des parties, pour en ordonner d'office la radiation sur toutes les pièces de la procédure et *partout où besoin sera.*

« Jamais pareil excès de pouvoir n'avait encore troublé la jurisprudence. Toutes les familles seraient menacées dans la base même de leur union, si ce système d'omnipotence pouvait trouver grâce devant la loi.

« Avant d'arriver aux moyens de cassation, il est nécessaire de s'expliquer en peu de mots sur l'ancien procès qui, pendant trois années, occupa les tribunaux de la capitale, pour prouver que l'arrêt attaqué ne saurait y trouver aucun motif d'excuse.

« En 1820, le comte Claude-François de Crouy-Chanel, cousin issu de germain du marquis Auguste, intenta une action contre MM. de Croy, de Solre et d'Havré, pour les contraindre à quitter les armes de l'ancienne maison de Hongrie qu'ils avaient usurpées.

Il a complètement gagné sa cause sur ce point. Un arrêt du 12 mai 1821 déclare formellement que MM. Croy, d'Havré et Solre n'offrent pas la preuve juridique de leur descendance des rois de Hongrie et de leur possession des armoiries de cette maison, et il leur fait défense de les porter. Cet arrêt a été pleinement exécuté par eux.

« Au contraire, le même arrêt a laissé le comte Claude-François de Crouy-Chanel dans tous ses droits, quant au nom et armes de Hongrie.

« A la vérité, sur la demande reconventionnelle de ses adversaires, la Cour de Paris a décidé que, d'après les pièces produites, il n'était pas complètement et légalement prouvé que M. de Chanel de Hongrie eût la possession suffisante du nom de Crouy.

« Et pourquoi ? Parce que, dit la Cour royale, il ne rapportait pas les originaux ou expéditions des titres sur lesquels ils se fondaient, mais seulement un registre intitulé : *répertoire contenant les pièces, actes et titres compris dans l'enregistrement fait en exécution d'un arrêt de la Chambre des comptes de Grenoble.*

« Donc, rien n'est définitivement jugé sur ce chef; en telle sorte que, si les originaux ou les expéditions des titres sont produits dans une autre instance, la question du nom devra être jugée comme celle des armoiries.

« C'est pourquoi la chambre des requêtes de la Cour

de cassation, en rejetant le pourvoi, le 25 février 1823, a considéré, en termes formels, que *l'arrêt du 12 mai 1821 laissait le demandeur, à cet égard dans l'état et possession où il était avant ledit arrêt.*

« Ainsi, bien loin de s'appliquer à tous les autres membres de la maison de Crouy-Chanel de Hongrie, l'arrêt du 12 mai 1821 n'est pas même définitif et absolu contre le comte Claude-François, en ce qui touche le nom de Crouy.

« Après ce premier éclaircissement sur l'ancien procès, il est permis d'ajouter encore que le marquis de Crouy, qui n'y figurait pas, aurait pu répondre à tous les arguments de la Cour royale, si la question eût été régulièrement engagée avec lui.

« La Cour royale avait dit au comte Claude-François : vous ne représentez pas les originaux ou les expéditions des titres invoqués. Le marquis Auguste de Crouy avait répondu : *je les représente.* Et, en effet, nous les plaçons sous les yeux de la Cour suprême qui, bien qu'elle ne soit pas juge du fond, est néanmoins juge de la forme authentique des actes.

« La Cour royale avait dit au comte Claude-François : le nom qui vous est dénié n'est pas consigné dans votre acte de naissance. Le marquis de Crouy aurait répondu : *Il est dans le mien dont je produis l'expédition.*

« La Cour royale avait dit au comte Claude-François : vous n'avez pas la possession constante. Le marquis de Crouy aurait répondu : *La mienne n'a pas été un seul moment interrompue.*

« Voilà les différences notables de position entre le comte et le marquis de Crouy, différences qui auraient distingué complètement les deux causes sous ce rapport; et voici maintenant les motifs qui devraient en assurer le succès général, pour toute la famille de Crouy Chanel et pour le comte Claude François lui-même, du moment qu'il produira ses titres en bonne forme.

« D'abord, il est bien remarquable que l'arrêt de 1821 a laissé au comte Claude François le nom et les armes de Hongrie ; il n'est pas moins remarquable que l'arrêt de 1828 n'a point ordonné dans la cause actuelle, la radiation du nom de Hongrie, tout en ordonnant celle du nom de Crouy.

« Et cependant, les armes de Hongrie et l'origine qu'elles présupposent, ont été déniés par la même Cour de Paris à MM. d'Havré, de Solre et de Croy, qui ont exécuté son arrêt.

« La maison de Crouy Chanel de Hongrie n'a donc rien de commun, ne veut avoir rien de commun, pas même le nom, avec MM. d'Havré et de Solre. En effet, le nom de *Crouy* n'est pas le même que celui de Croy ; et, quant aux familles, elles sont encore bien autrement distinctes l'une de l'autre. La famille des Croy, d'Havré et de Solre, descend d'excellents bourgeois, échevins, *mayeurs*, ou maires d'Amiens, qui n'avaient aucun point de contact avec aucune maison royale.

« Je pourrais ajouter bien d'autres observations si la cause était contradictoire avec eux ; mais il faut respecter leur absence ; je me bornerai donc à rappeler qu'ils ont été obligés de faire une *brisure à leurs armes*, et je me renferme, au surplus, dans l'arrêt du 12 mai 1821, exécuté par eux et dont voici le principal motif en ce point :

« Considérant qu'il résulte des faits de la cause, qu'avant
« l'année 1335, les parties de Bonnet (Messieurs d'Havré
« et de Solre) ne rapportent aucun titre qui prouve leur
« origine et descendance de la maison royale de Hongrie
« et que leur prétention, à cet égard, n'est appuyée que

« sur l'opinion diversement énoncée des historiens et des
« auteurs qui ont traité de la généalogie de leur maison,
« opinion *contredite* par plusieurs et même *démentie* par
« deux célèbres généalogistes (d'Hozier et Cherin) dont
« l'un atteste qu'on ne pourrait garantir la maison de
« Croy au-delà de cette époque. »

« Au contraire, la maison de Crouy-Chanel de Hongrie
possède tous les titres qui, sans interruption, rattachent
son origine à Félix de Hongrie, dit Crouy Chanel, fils
d'André III, roi de Hongrie, dit *le Vénitien* et petit-fils
d'André II, fils de Béla III et de Marguerite de France,
comtesse de Vexin.

« Les expéditions authentiques de tous ces actes sont jointes au dossier. Ne craignez pas, messieurs, que je prétende sortir de votre juridiction; cette production, je l'avoue, est faite pour l'honneur de la cause, mais la loi nous y autorise, car l'abus de pouvoir dont l'arrêt de la Cour royale est entaché appelle une réponse; il porte atteinte aux droits sacrés de famille et rien de plus légal, rien de plus rationnel, que de démentir d'abord, par l'authenticité des titres, la dénégation purement officieuse de l'arrêt.

« La Cour de Paris s'est effrayée (elle le déclare) à la pensée que des fils de rois se soient retrouvés dans la magistrature, dans le barreau et jusque dans le greffe? Sous ce prétexte elle a refusé de vérifier la généalogie du comte Claude-François au-delà de ses plus modestes aïeux; et par une étrange contradiction, ce déni de justice n'a pas eu le résultat de lui contester les noms et armes de Hongrie, mais seulement le nom de Crouy! L'arrêt de 1821 se condamne donc lui-même comme l'arrêt de 1828, puisque tous deux *ils ont respecté le nom prédominant d'une race royale*, tout en retranchant l'un des noms accessoires. »

« Mais indépendamment de cette contradiction, signe

manifeste d'erreur, les arrêts de Grenoble répondent que plus la famille de Crouy-Chanel, par ses vicissitudes, s'était rapprochée des classes moyennes et même obscures si l'on veut, plus la vérification solennelle de sa descendance des rois de Hongrie, par une Cour souveraine, avait été scrupuleuse et plus aussi, par conséquent, elle méritait de respect et de confiance. Vérification mémorable, en effet et bien digne de foi, que celle qui, tout à coup, relève jusqu'à la hauteur d'un ancien trône, la modeste existence d'une famille aussi pauvre qu'honorable, et cela sous les auspices d'une sévère magistrature, sous la spéciale surveillance du ministère public, sous les yeux et au conspect de toute une population dont les traditions et souvenirs s'associent à ce triomphe !

Je n'ai plus qu'un mot à dire sur le fait ; c'est que la Cour de Paris a reconnu tous les degrés de la filiation de M. de Crouy-Chanel jusqu'à François-Laurent, major du fort *Barraulx*, petit-fils de Claude-Ier du nom, auquel le connétable de Lesdiguières écrivait le 15 avril 1598 en le félicitant du courage qu'il avait déployé à la prise de ce fort : « *Je vous aurois fait expédier sur le champ des lettres de noblesse si n'estoit notoire que vos ancestres en octroyoient aux autres.* » Cette lettre originale a passé sous les yeux de MM. les conseillers.

« Ainsi donc, et par le fait même de la Cour royale, toute la période obscure des générations de cette famille est devenue lumineuse et va se renouer avec la même clarté, à la période illustrée par des noms que l'histoire a tous consacrés et qu'elle reporte elle-même jusqu'à leur royale origine.

« Telles sont, Messieurs, les observations qui devaient précéder la discussion des moyens contre l'arrêt dénoncé. Elles prouvent, avec pleine évidence, que le débat serait au moins sérieux si les parties intéressées étaient en présence, et que, par conséquent, la Cour royale n'avait ni excuse, ni prétexte, pour commettre l'abus de juridiction qui lui est reproché. »

M. Guillemin discute ensuite deux moyens de cassation : 1° excès de pouvoirs ; 2° violation et fausse application de la chose jugée.

Sur le premier moyen, l'avocat rappelle les dispositions de la loi du 24 août 1790, sur les principes de la juridiction, et celle de la loi de germinal an XI, sur la police des noms. Sur le moyen de la chose jugée, M. Guillemin, après la discussion de droit, continue ainsi :

« Et non-seulement il n'y avait pas identité de personne entre les justiciables de la Cour royale lorsqu'elle s'est permise d'ordonner contre l'un d'eux une mesure illégale *en vertu d'un précédent arrêt*, rendu contre l'autre, mais il ne pouvait même pas y avoir identité absolue de position.

« Encore une fois, ce n'est pas sur les titres de la famille de Crouy Chanel que l'arrêt du 12 mai 1821 a prononcé, mais uniquement sur la possession d'état d'un seul de ses membres. Or, toute question de cette nature varie nécessairement d'après les faits et actes applicables à chacun des réclamants. Ainsi, par exemple, en 1810, M. le comte de Crouy Chanel, Chambellan de Bonaparte, avait obtenu des lettres patentes de son titre de comte, avec ses anciennes armes et son ancien nom ; mais si le marquis de Crouy Chanel n'a rien de semblable, il a mieux, il a son acte de naissance même, pour premier fait de possession, et profitant de l'avertissement donné par l'arrêt de 1821, il a recueilli les preuves complètes de son origine, et il les produit au grand jour.

« L'acte de naissance suffit d'ailleurs seul pour condamner et mettre au néant le système de la Cour royale. La loi même, l'article 1er de la loi du 6 fructidor an II ordonne à mon client de porter les noms sous lesquels il a été baptisé le 31 décembre 1793, à Duisbourg sur le Rhin, comme *fils légitime de M. le marquis Claude François de Crouy Chanel de Hongrie*. Si jamais il quittait ces noms, la même loi lui ordonnerait encore de les reprendre.

« Il ne s'agit pas seulement ici d'une simple question de vanité nobiliaire, mais bien d'une question de propriété. Le nom des Chanel suffirait, dans leurs actes et leurs titres, aux preuves de leur descendance de la maison de Hongrie et le commandant du fort *Barraux* ne portait que ce nom seul lorsqu'il reçut la glorieuse lettre du connétable de Lesdiguières.

« Mais chaque famille a le droit incontestable de réunir, comme titres de propriété, tous les noms sous lesquels elle a été connue à toutes les époques de son existence; et si la loi du 11 germinal an XII exige des conditions et des formalités pour les changements de noms, aucune loi ne les impose pour reprendre ceux que des actes ou une ancienne possession garantissaient comme patronymiques.

« A qui donc cette faculté appartiendra-t-elle à plus juste titre qu'aux descendants des rois? S'il ne leur est plus donné de vivre dans la gloire et dans l'éclat de leur origine, qu'il leur soit permis du moins de posséder en paix, dans la retraite, ce débris d'une grandeur qui n'est plus, ce souvenir sans espérance et sans regret, cette consolation sans trouble, cet honneur sans danger, cette décoration sans injustice et sans rivalité.

« N'est-il pas dans les vues de la divine Providence de laisser ainsi épars sur la terre quelques restes des races royales, pour rappeler nos pensées à des couronnes plus durables? et la première scène d'une sublime révélation ne s'ouvre-t-elle pas en nous faisant reconnaître dans un simple artisan, le vénérable descendant d'une foule de rois ?

« L'eau et le feu ne sont pas toujours interdits aux familles détrônées ; elles ne sont pas toutes et tout entières condamnées au néant ; elles peuvent vivre et se perpétuer et l'envie elle-même doit bien se résoudre à tolérer leurs vestiges partout où il plaît à Dieu de les montrer ! Tous les temps sont pleins de ces mémorables exemples. Nous ne devrons donc pas plus nous étonner de voir aujourd'hui, tels que le temps les a faits, le dernier des Comnène, les princes de Suède et les Crouy de Hongrie que Rome ne s'est étonnée de voir Persée et Sidon Abdolonyme, au rang de leurs plus modestes habitants.

Au surplus, ce ne sont pas seulement les noms illustres que l'arrêt dénoncé menace d'un abus de pouvoir, ce sont tous les noms de famille qu'il plairait aux juges de suspecter. Le droit sacré de la défense serait toujours violé dans de pareilles décisions rendues d'office. Celle de la Cour royale de Paris contrevient donc à toutes les lois et à tous les principes de juridictions. »

Me Guillemin termine ainsi :

« Déjà, dans l'affaire du nom de Latour d'Auvergne, M. l'avocat général Vatimesnil, au nom d'une magistrature suprême, avec une énergie qui ne nous appartiendrait pas, reprochait sévèrement à la même Cour ses empiétements. La loi, disait-il, vous a fait une part assez belle pour vous en contenter. L'abus du pouvoir est encore plus étonnant dans la cause actuelle, il est même empreint d'une résistance préméditée contre les avertissements de la cassation. C'est en vertu des précédents arrêts de la Cour, dit l'arrêt dénoncé, que j'ordonne d'office la radiation du nom de Crouy. Des précédents arrêts ! mais il n'en existe qu'un seul relativement à cette famille ! c'est donc à l'arrêt analogue du nom de Latour d'Auvergne que la Cour de Paris fait allusion. Voilà pourquoi elle se garde bien de spécifier les arrêts, soit par les noms, soit par les dates. Mais elle persiste dans son système d'omnipotence; elle oublie que le premier devoir des magistrats chargés de l'exécution des lois, c'est de les respecter eux-mêmes et de donner tout à la fois, les exemples et les enseignements. »

M. Cahier, avocat général, a examiné avec soin les titres et les arrêtés produits à l'appui de la réclamation. Il s'est étonné de ce que, lors des débats de 1821. la Cour de Paris n'eût pas vérifié la généalogie du Comte de Crouy au-delà de François Laurent de Crouy-Chanel, major du fort Barraux. M. l'avocat général a rappelé aussi toutes les preuves de l'illustration de cette famille; il a conclu à la cassation sur les deux moyens principaux.

Après plus d'une heure de délibération et au rapport de M. Cassaigne, la Cour:

Vu l'article 2 du titre 8 de la loi du 24 août 1790 et l'article 61 du Code de procédure civile;

Attendu que, d'après ces articles, les tribunaux ne peuvent connaître que des actions dont ils sont saisis par une assignation et sur les conclusions ou réquisitions formelles des parties ou du ministère public;

Attendu, dans l'espèce, que la Cour royale de Paris a prononcé d'office une suppression de nom; qu'ainsi elle a violé les lois précitées;

Casse sans renvoi; ordonne l'impression de l'arrêt et sa transcription sur les registres de la Cour royale de Paris.

EXTRAIT

DE LA GAZETTE DES TRIBUNAUX

des 19 & 20 avril 1830

JUSTICE CIVILE

COUR DE CASSATION

Addition à l'audience du 6 avril

Présidence de M. le Premier Président PORTALIS

POURVOI

DE

Monsieur le Marquis de Crouy-Chanel.

N'ayant pas pu donner dans notre numéro du 7 avril, le texte de l'arrêt rendu sur le pourvoi de M. le marquis de Crouy-Chanel de Hongrie, nous le rétablissons aujourd'hui avec l'extrait aussi textuel d'un fragment de plaidoyer de M. Cahier, avocat général, qui s'est exprimé en ces termes :

« Si nous devons en croire les explications données par le demandeur, en les rapprochant des faits reconnus constants par l'arrêt de 1821, Jean Claude et François Nicolas de Chanel frères, en faveur desquels furent rendus les arrêts de 1790, le premier, substitut du procureur général au parlement de Grenoble, et le second, avocat consistorial à la même Cour, auraient eu pour père Claude, greffier en élection de Grenoble en 1723, fils de Claude, greffier au baillage de Grésivaudan en 1670 et petit-fils de François Laurent, sergent major du fort Barrau 1642. L'arrêt de 1821 n'est point remonté au-delà de celui-ci.

« S'il l'eût fait, dit le demandeur, s'il eût soigneusement vérifié les pièces, il aurait vu ; 1° que ce François Laurent de Chanel, sergent major du fort Barrau, était né de Claude, également major du même fort; 2° que celui-ci se nommait Claude de Crouy Chanel ; 3° qu'à ce Claude de Crouy Chanel le connétable de Lesdiguières écrivait en 1598 : « Je vous aurois fait expédier des lettres de noblesse « si n'estoit notoire que vos ancestres en octroyoient aux « autres. »

Si la Cour de Paris fût remontée plus haut, dit encore le demandeur, elle aurait trouvé Jean de Crouy-Chanel blessé et fait prisonnier à la bataille de Saint-Quentin en 1557.

« Louis Georges de Crouy-Chanel combattant à la bataille de Cérizoles, 1544.

« Hector de Crouy-Chanel, sauvant la vie à Louis XI, alors Dauphin, 1470.

« Elle aurait trouvé, dans des temps plus reculés Rodolphe de Crouy-Chanel, administrateur de la province du Dauphiné, en 1434 ; Jean de Crouy-Chanel fait chevalier, sur le champ de bataille de Rosbeck, le 27 Octobre 1382 ; Guillaume de Crouy-Chanel mort sur le champ de bataille de Crécy, 1346 et Pierre de Crouy-Chanel faisant prisonnier le comte Edouard de Savoie, à la bataille de

Varey 1335. Enfin, poussant ses vérifications plus loin, la Cour serait arrivée à Félix de Crouy-Chanel, fils d'André, dit le Vénitien, et petit-fils d'André II, roi de Hongrie, auquel succéda au trône de Hongrie, en 1301, Venceslas déjà roi de Pologne en 1300 et qui, en 1305, réunit sur sa tête les trois couronnes de Pologne, de Hongrie et de Bohême.

Telles sont les observations du demandeur ; quoi qu'il en soit, et sans nous occuper de les vérifier, nous voyons que la Cour de Paris s'est arrêtée à ce François Laurent, sergent major du fort Barrau en 1642, dans lequel elle a vu le quatrième aïeul de Claude-François sur l'action duquel elle avait à prononcer.

« Si nous en croyons encore les explications du demandeur, rapprochées des points reconnus par le même arrêt de Paris, Jean Claude, substitut du procureur général au parlement de Grenoble eut pour fils Claude, lieutenant de milice à Saint-Domingue, lequel aurait paru à l'assemblée du tiers-état convoquée par les États-Généraux, en 1790, et ce Claude de Chanel, père de Claude François, contre lequel fut rendu l'arrêt de 1821.

« D'un autre côté, le frère de ce Jean Claude de Chanel, François Nicolas, avocat consistorial en cette Cour de Grenoble où Jean de Chanel était substitut, aurait eu un fils Claude François, lequel est père du demandeur en cassation et qui, dans l'acte de baptême de ce fils, est dit le marquis de Crouy-Chanel de Hongrie, du Dauphiné.

« Ainsi, en dernière analyse, les arrêts rendus en 1790 par la Chambre des Comptes du Dauphiné, au profit de Jean Claude et François Nicolas, ont été rendus au profit, tant de l'auteur de Claude François, contre qui a été rendu l'arrêt de 1821, qu'au profit de l'auteur de François Claude Auguste, contre lequel a été rendu l'arrêt de 1828.

A la suite de cette partie de la discussion de M. l'avocat général, nous citerons le passage suivant du plaidoyer de M⁰ Guillemin :

« La Cour de Paris s'est effrayée (et elle le déclare) de ce que des fils de rois se soient retrouvés dans la magistrature, dans le barreau et jusque dans le greffe !

« Sous ce prétexte, elle s'est arrêtée dans l'examen de la généalogie du comte de Crouy ; elle n'a pas voulu la vérifier au-delà de ses plus modestes aïeux, et, par une étrange contradiction, ce déni de justice n'a pas eu le résultat de lui contester les noms et armes de Hongrie, mais seulement le nom de Crouy !

« L'arrêt de 1821 se condamne donc lui-même comme l'arrêt de 1828, puis que tous deux ils ont respecté le nom prédominant d'une race royale tout en retranchant l'un des noms accessoires.

« Mais indépendamment de cette contradiction, signe manifeste d'erreur, les arrêts de Grenoble répondent que plus la famille de Crouy-Chanel par ses vicissitudes s'était rapprochée des classes moyennes ou même obscures si l'on veut, plus la vérification solennelle de sa descendance des rois de Hongrie par les arrêts d'une Cour souveraine, avait été scrupuleuse, et plus, par conséquent aussi, elle méritait de respect et de confiance.

« Vérification mémorable en effet et bien digne de foi que celle qui, tout à coup, relève jusqu'à la hauteur d'un ancien trône, la modeste existence d'une famille aussi pauvre qu'honorable et cela, sous les auspices d'une sévère magistrature, sous la spéciale surveillance du ministère public, sous les yeux et au conspect de toute une population dont les traditions et les souvenirs ne sont pas étrangers à ce triomphe ! »

Nous rappellerons en même temps pour plus grande

explication de l'arrêt qui va suivre, un incident auquel le rapport avait donné lieu. M. le rapporteur faisait observer que l'arrêt avait ordonné, non pas la radiation du nom de Crouy, mais celle du nom de Croy. M. Guillemin répondit à cette observation que, peu importait l'orthographe du nom, qu'elle avait varié; que les monuments historiques l'attestaient; que dès lors, il y avait toujours nécessité de casser l'arrêt de la Cour de Paris pour excès de pouvoirs.

« Au surplus, ajoutait M. Guillemin, la maison de Crouy-
« Chanel de Hongrie n'a rien de commun et ne veut avoir
« rien de commun pas même le nom avec MM. de Croï
« d'Havré et de Solre. Les arrêts de 1790 qui ont reconnu
« la descendance en ligne directe et légitime de MM. de
« Chanel de la maison royale de Hongrie, les désignent
« sous le nom de Crouy-Chanel de Hongrie et ces noms
« n'appartiennent point à leurs adversaires.

« D'ailleurs, l'arrêt de la Cour de Paris doit être jugé
« d'après son intention; or, son intention trop manifeste
« est d'ôter le nom de Crouy à MM. de Chanel de
« Hongrie; donc la différence de l'orthographe de ce nom
« ne saurait sauver la Cour royale de la cassation. »

La Cour, au rapport de M. le conseiller Cassaigne et sur les conclusions conformes de M. l'avocat général Cahier, a prononcé l'arrêt dont voici la teneur :

Vu les articles 4, titre IV de la loi du 24 août 1790 et 61 du Code de procédure civile.

Attendu que les tribunaux ne sont légalement saisis et ne peuvent connaître que des demandes portées devant eux par les parties ;

Attendu que, dans l'instance sur laquelle est intervenu l'arrêt attaqué, il n'y avait aucune demande en radiation du nom de Croy; que cependant, la Cour royale, qui l'a rendu, a ordonné d'office que ce nom serait rayé de la minute et de l'expédition du jugement dont était appel et partout où besoin sera ; qu'en ce chef elle a violé les lois ci-dessus citées.

La Cour casse et annule l'arrêt du 16 juin 1828 dont est question, ordonne l'impression et la transcription du présent arrêt sur les registres de la Cour royale de Paris, etc.

Certifié conforme au journal.

Paris, le 13 septembre 1879.

Signé : Cotton.

DIVERS ACTES

de l'état civil

DES MEMBRES

DE LA FAMILLE DE CROY-CHANEL

TITRES ET DISTINCTIONS

ACCORDÉS

AU PRINCE AUGUSTE DE CROUY-CHANEL

---

*Les originaux ont été déposés au rang des minutes
de Mᵉ DELAUNAY, notaire à Paris, Chaussée-d'Antin
Successeur de Mᵉ Mestayer.*

TRADUIT DE L'ALLEMAND

I. — *Acte de mariage du marquis François de Croy Chanel avec demoiselle Charlotte Bagel.*

Extrait des registres des mariages de la communauté catholique de Duisbourg.

Le marquis *François* de CROY CHANEL, né à Grenoble en France, et *Marie Charlotte* BAGEL, de cette ville ont été unis en mariage en cette ville le dix-huit septembre mil-sept-cent-quatre-vingt-treize.

Pour extrait conforme,

Duisbourg le 2 septembre 1872.

Le curé.

(L. S.). *Signé* : VENNEWALD.

II. — *Extrait des registres de la communauté catholique de Duisbourg.*

Le 31 décembre 1793, et le 1ᵉʳ janvier 1794, a été baptisé dans cette ville *François-Claude-Auguste*, fils des époux le marquis *Claude-François* DE CROY CHANEL, DE HONGRIE et de *M. Charlotte* BAGEL. Les parrain et marraine ont été le vicomte *Alexandre-Auguste de Pioger* et *Augustine-Jeanne-Angélique de Pioger*.

Pour extrait conforme,

Duisbourg le 2 février 1872.

Le curé.

(L. S.). *Signé* : VENNEWALD.

III. — *Extrait des registres des baptêmes de la communauté catholique de Duisbourg.*

Nicolas Henri Jean François fils des époux, le marquis *Claude François* DE CROUY CHANEL, et de *M.* *Charlotte* BAGEL, est né en cette ville le 24 mai 1799, et baptisé le même jour.

Pour copie conforme.

Duisbourg le 2 février 1872.

Le curé.

(L. S.). *Signé* : VENNEWALD.

IV. — *Extrait des registres de l'état civil de la commune de Grenoble.*

Naissance. — CROY CHANEL *François Claude Louis Auguste.*

Le 12 août 1812, par devant nous, maire soussigné, acte de naissance de *François Claude Louis Auguste* CROY CHANEL, fils de M. *Claude François* CROY CHANEL, conservateur des forêts du 17ᵉ arrondissement, domicilié rue du Cloitre, et de dame *Marie Charlotte* BAGEL, marié.

Le sexe de l'enfant qui nous a été présenté a été reconnu masculin.

Lecture du présent acte, ayant été faite en présence du père, de M. Paul Morand, propriétaire, et de M. Charles Étienne Leclet, ancien conseiller au Parlement, majeurs et domiciliés à Grenoble, ils ont signé avec nous.

Signé : *Crouy Chanel, Leclet, Morand et Renauldon, maire.*

Pour copie conforme
Grenoble le 21 mars 1879
Signé : Jean David.

Vu par nous
Président du tribunal civil
de Grenoble
pour légalisation de la signature
de M. Jean David, commis greffier,
Grenoble le 21 mars 1879
Pour le Président
Signé : illisible.

V. — *Acte de décès de M. Claude François, marquis de Croy Chanel de Hongrie.*

L'an 1837, le 3 décembre à midi, par devant nous, Jean-François Charlemagne, premier adjoint au maire, par délégation, officier de l'État civil de la ville de Laon, canton et arrondissement de Laon (Aisne), sont comparus, Jean Feuilhan, docteur-médecin, âgé de quarante trois ans et Désiré Hurel, commissaire aux inhumations, âgé de cinquante et un ans, domiciliés en cette ville, lesquels nous ont déclaré que M. *Claude François, marquis* DE CROY CHANEL DE HONGRIE, *chevalier de la Légion d'honneur*, ancien conservateur des Forêts, natif de Grenoble (Isère), âgé de quatre-vingt-trois ans, domicilié à Laon, époux de dame *Marie Charlotte de Bagel*, est mort en sa demeure audit Laon, aujourd'hui à 9 heures du matin. Et les comparants ont signé avec nous, après lecture faite.

Signé : FEUILHAN, HUREL ET PARINGAULT.

Pour Extrait conforme,

Le Maire

Signé : GLATIGNY.

VI.

Nous CHARLES FERDINAND, DUC DE BERRY, FILS DE FRANCE, COLONEL-GÉNÉRAL DES CHASSEURS A CHEVAL ET LANCIERS, COMMANDANT EN CHEF DE L'ARMÉE ROYALE EN BELGIQUE, etc., etc.,

Certifions que M. DE CROUY CHANEL DE HONGRIE, *Claude Auguste*, GARDE DU CORPS, *compagnie Grammont*, a suivi le roi en Belgique, qu'il a fait partie du corps d'armée sous mon commandement, et qu'il a donné des preuves de fidélité, de zèle et de son dévouement pour le servibe de Sa Majesté.

En foi de quoi nous lui avons fait expédier le présent certificat que nous avons revêtu de notre signature, et auquel nous avons fait apposer le sceau de nos armes.

Fait au château des Tuileries, le 1ᵉʳ janvier 1816.

Par son Altesse Royale,

Le Secrétaire général.

Cᵉˡ DE FONTANES

VII.— *Autorisation de porter la décoration de la fleur de Lys.*

D'après les ordres de son ALTESSE ROYALE, Monseigneur le DUC DE BERRY, il est permis à M. AUGUSTE DE HONGRIE, MARQUIS DE CROY, membre de la députation de la noblesse de Dauphiné, de porter la décoration de la FLEUR DE LYS.

Paris, le 1er août 1814.

Signé : DE FONTANES.

VIII. — MINISTÈRE DE LA GUERRE

Commission créée pour l'examen des réclamations des anciens officiers.

(Porté au 25me tableau d'avancement, sous le n° 26).

En conséquence de la décision de son Excellence le Ministre de la guerre, le présent certificat a été délivré à M. de HONGRIE marquis de CROY-CHANEL *François-Claude-Auguste*, pour attester qu'il résulte de ses pièces, déposées au secrétariat de la commission, qu'il est susceptible d'être admis au service, avec le grade de COLONEL, dans l'arme de *l'infanterie*.

A prendre rang du 1 janvier 1814.

Le Lieutenant Général, Pair de France, ministre d'État.
Président de Commission

Signé : BEURNONVILLE.

Paris le 8 septembre 1816.

Lettres de chevalier de l'ordre Royal et militaire de Saint-Louis, en faveur de M. de Hongrie, Mis de Croy Chanel, ancien officier.

LOUIS, par la Grâce de Dieu, Roi de France et de Navarre,

Chef souverain, Grand Maître et fondateur de l'ordre militaire de Saint-Louis.

A tous ceux qui ces présentes lettres verront,

SALUT.

Étant bien aise de donner, au sieur François-Claude-Auguste, *de Hongrie, Marquis de Croy Chanel,* ancien officier, des marques de distinction, en considération des services qu'il nous a rendus. Nous avons cru que nous ne pouvions le faire d'une manière qui lui soit plus honorable, qu'en l'admettant au nombre des chevaliers de l'ordre militaire de Saint-Louis, institué par l'édit du mois d'avril 1693, étant bien informé des services ci-dessus, et qu'il professe la religion catholique, apostolique et romaine.

A ces causes, nous avons fait, constitué, ordonné et établi, faisons, constituons, ordonnons et établissons, par ces présentes, signées de notre main, *le sieur de Hongrie, Mis de Croy Chanel,* chevalier dudit ordre de Saint-Louis, pour par lui jouir du dit titre de Chevalier, aux honneurs et prérogatives qui y sont attachés, avec faculté de tenir rang, parmi les autres chevaliers dudit ordre, et de porter sur l'estomac, une croix d'or émaillée, suspendue à un petit ruban, couleur de feu, et sur laquelle il y aura l'image de Saint-Louis, à condition d'observer les statuts, dudit ordre, sans y contrevenir directement, ni indirectement, et de se rendre à notre cour, toutes et quantes fois nous le lui ordonnerons, pour notre service, et pour le bien et utilité dudit ordre.

Si donnons en mandement, à tous Grands Croix, commandeurs et chevaliers dudit ordre militaire de Saint-Louis, de faire reconnaître le sieur *de Hongrie Mis de Croy Chanel,* chevalier dudit ordre, de tous ceux, ainsi qu'il appartiendra, après, toutefois qu'il aura prêté le serment requis et accoutumé. En témoin de quoi, nous avons signé de notre main ces présentes, que nous avons fait contresigner par notre ministre secrétaire d'État, ayant le département de la guerre.

Donné à Paris, le troisième jour de juillet de l'an de Grâce, mil huit cent seize.

Vu au sceau,
Le chancelier de France.

Signé : LOUIS.
Par le Roi, Grand Maître et Fondateur de l'ordre militaire de Saint-Louis.

Signé : M^al duc de Jeltre.

IX. — Autorisation de porter la décoration de l'ordre de Saint-Grégoire-le-Grand.

ORDRES ÉTRANGERS

Napoléon, par la grâce de Dieu et la volonté nationale,

Empereur des Français.

Avons autorisé M. le Prince de Crouy-Chanel (*François Claude Auguste*) à accepter et à porter la décoration de *commandeur* de l'ordre de Saint-Grégoire-le-Grand, *de Rome*.

Cette décoration est portée en Sautoir.

Fait au Palais des Tuileries le 12 juin 1860.

Napoléon.

Par l'Empereur, Le grand Chancelier
de l'Ordre Impérial de la Légion d'honneur

Maréchal Pelissier, duc de Malakoff.

Vu, vérifié, scellé et enregistré

3 f° 176, n° 10694.

Le secrétaire général de l'ordre :

Général Eynard.

X.

ÉGLISE PAROISSIALE DE SAINT-PIERRE DE MONTMARTRE.

Extrait des registres des actes de mariage pour l'année mil huit cent quarante-quatre.

Le mercredi 7 février 1844 après la publication d'un seul ban faite en l'église de Saint-Sulpice, et en celle de N.-D. de Lorette à Paris, dispense obtenue des deux autres bans, vu la permission à nous accordée par M. le curé de Saint-Sulpice, par acte en date du 5 de ce mois, de célébrer le présent mariage dans l'église de Montmartre, Je, curé soussigné, ai reçu le mutuel consentement que se sont donné pour le mariage *François Claude Auguste* DE HONGRIE, *Prince et marquis* de CROUY-CHANEL demeurant rue Cassette 23, à Paris, et auparavant rue de Navarin 9, fils majeur de *Claude François de Hongrie Prince et marquis de Crouy Chanel, et de Marie Charlotte de Bagel d'Urfé*, son épouse, tous deux décédés d'une part et *Félicité Cornélie* MENDÈS DA COSTA, demeurant aussi rue Cassette 23, et auparavant rue Navarin 9, fille majeure d'*Isaac Mendès da Costa et de Marie Anne Robson*, son épouse tous deux décédés, d'autre part et leur ai donné la bénédiction nuptiale en présence des témoins *Alexandre Paulin Dufaure de Vercors*, ancien officier, demeurant rue d'Enghien 17, *Dominique Germain Sarrut*, rentier, rue Boucherat 23, *Louis duc de Riario Sforza*, rue Bellefonds 33, et *Achille François Léonor marquis de Jouffroy*, rue de l'Ouest 14, à Paris.

Et ont été légitimés par le présent mariage, trois enfants issus des conjoints, *Marie Ermérantiene Elisabeth*, née le 8 juillet 1833 ; *Marie Charlotte Françoise*, née le 14 juillet 1837 et *Marie Emmanuel Auguste Étienne Jacques*, né le 5 septembre 1842.

En foi de quoi j'ai signé le présent acte avec les époux et les témoins, les jours et an que dessus.

Signé : *Crouy Chanel, Mendès da Costa, Dufaure de Vercors*, Sarrut, de Riario Sforza, F. Meigne, marquis de Jouffroy, et Ottin curé.

Pour extrait conforme délivré par moi soussigné, chanoine honoraire de Paris et de Beauvais, curé de la paroisse de Saint-Pierre de Montmartre, ce 23 avril 1845.

Signé : CHENNAILLES

Ch. hon. de Paris et de Beauvais
Curé de Montmartre, an. vic. général.

XI. — *Extrait du registre des actes de décès de la commune de Pont Levoy (année 1880).*

L'an mil huit cent quarante-six le quinze du mois de février, cinq heures du soir, par devant nous Lelarge d'Ervau, maire officier de l'état civil de la commune de Pont Levoy, canton de Montrichard, département de Loir-et-Cher, sont comparus :

Dominique Germain Sarrut, âgé de quarante-cinq ans propriétaire, domicilié en cette commune, et Charles Fouquet âgé de vingt-huit ans, profession d'instituteur domicilié en cette commune, lesquels nous ont déclaré que le quinze du mois de février à trois heures du soir, *Marie Jacques André Emmanuel* DE HONGRIE, *Prince et comte de* CROUY CHANEL, *chevalier héréditaire de l'ordre de Saint-Jean de Jérusalem*, âgé de trois ans et demi, demeurant à Pont Levoy, département de Loir-et-Cher, fils de *François Claude Auguste de* HONGRIE *Prince et marquis de* CROUY-CHANEL, chevalier de l'ordre royal de Saint-Louis et chevalier héréditaire de l'ordre de Saint-Jean de Jérusalem, et de *Cornélie Félicité* MENDÈS DA COSTA, son épouse, est décédé, en notre commune, en la maison de M. Dominique Germain Sarrut. Le premier témoin, nous a déclaré être ami et le second témoin être aussi ami du décédé, et les déclarants ont signé avec nous le présent acte après que lecture en a été faite.

Le registre est signé : *Sarrut, Fouquet* et *Dervau* maire.

Pour copie conforme au registre.

Mairie de Pont Levoy le quatre mars mil huit cent quatre-vingt.

Pour le Maire.

Le conseiller municipal (signé) : G. Bisson.

XII. — *Acte de décès de Claude-François-Auguste de Croy-Chanel.*

Du trente-un août mil huit cent soixante-treize, à trois heures du soir, acte de décès dûment constaté de Claude-*François-Auguste* DE CROY CHANEL, rentier, décédé en sa demeure à Paris, rue de Vaugirard, n° 89, hier à six heures du soir, à l'âge de soixante-dix-neuf ans et demi, natif de Duisbourg (Prusse) fils de *Claude-François de Crouy Chanel* et de *Marie Charlotte de Bagel*, son épouse, décédés, marié à *Cornelie Dacosta* ; sur la déclaration faite par MM. Paul Hall, âgé de trente ans, et Joseph Bengold, âgé de vingt-quatre ans, tous deux employés demeurant à Paris, rue des Saints-Pères, n° 70, qui ont signé après lecture avec nous Charles Buquet, adjoint au maire du sixième arrondissement de Paris, officier de l'état civil.

Signé : P. HALL, BENGOLD et BUQUET, *Maire*.

Pour copie conforme au registre.

Paris, le dix-huit octobre mil huit cent soixante-dix-sept,

Le Maire

Signé : DESAUBLIAUX.

XIII. — PRÉFECTURE DU DÉPARTEMENT DE LA SEINE.

Extrait du registre des actes de décès de l'année mil huit cent soixante-seize.

Sixième Mairie.

Du vingt-cinq juillet mil huit cent soixante-seize, à une heure et demie du soir; acte de décès, dûment constaté de *Marie-Cornelie* DACOSTA, rentière, décédée en son domicile à Paris, boulevard Montparnasse, n° 147, hier, à huit heures du soir, à l'âge de soixante-quinze ans, native de Paris (Seine), veuve de *François-Claude-Auguste de Crouy Chanel;* sur la déclaration faite par MM. Auguste Roland, âgé de vingt-deux ans et Albert Marazin, âgé de vingt-et-un ans, tous deux employés, demeurant à Paris, rue des Saints-Pères, n° 70, qui ont signé, après lecture avec nous, Hubert Clovis Desaubliaux, adjoint au maire du sixième arrondissement de Paris, officier de l'état civil.

Pour copie conforme au registre.

Paris, le dix-huit octobre mil huit cent soixante-dix-sept.

Le Maire

Signé : DESAUBLIAUX.

ACTES

de l'état civil

DES MEMBRES DE LA FAMILLE

GEROTHWOHL DE CROY-CHANEL DE HONGRIE

ET DIVERSES PIÈCES

CONCERNANT LES MEMBRES DE CETTE FAMILLE

Les originaux ont été déposés au rang des minutes de Me DELAUNAY, notaire à Paris, Chaussée-d'Antin Successeur de Me Mestayer.

I

ACTE D'ADOPTION

Par la famille de Crouy Chanel de Hongrie

DE M. JOSEPH GEROTHWOHL

Par devant maître *André-Gustave Mestayer* et son collègue notaires à Paris, soussignés.

Ont comparu :

M. *Claude Engelbert Marie*, comte GEROTHWOHL DE CROY-CHANEL DE HONGRIE, étudiant en théologie, demeurant au séminaire d'Orléans (Loiret) présentement à Paris.

Et M. *Charles Marie Henri* comte GEROTHWOHL DE CROY-CHANEL DE HONGRIE, propriétaire, demeurant à Paris, rue du Regard, n° 6.

Lesquels ont, par ces présentes, déposé audit M° Mestayer pour être mis au rang de ses minutes.

L'original d'une délibération du conseil de famille de la maison de *Crouy-Chanel de Hongrie*, autorisant M. *Joseph* GEROTHWOHL, *père des comparants*, à joindre le nom de Crouy à son nom de Gerothwohl et à prendre les armes royales de Hongrie qui sont les armes de la famille.

Laquelle pièce est demeurée ci annexée après avoir été certifiée véritable par les comparants et que mention de son annexe a été faite dessus par les notaires soussignés.

Dont acte.

Fait et passé à Paris, en l'étude de M° Mestayer, l'un des notaires soussignés.

L'an mil huit cent soixante-un.
Le vingt-neuf juillet.

Et les comparants ont signé avec les notaires après lecture faite.

En marge est écrit.

Enregistré à Paris cinquième bureau, le premier août mil huit cent soixante-un, folio 9 f. verso case 6 et 7 reçu 2 fr. et 20 centimes pour décimes.

Signé : Lafeuillade

CONSEIL DE FAMILLE
DE LA MAISON DE CROUY-CHANEL DE HONGRIE

Par décision de son Conseil de famille, la maison *Crouy-Chanel de Hongrie*, autorise M. Joseph Gerothwohl, qui, allié à la famille par son mariage, avec demoiselle Clémentine de Crouy, fille de *Claude François de Hongrie, marquis Crouy-Chanel*, à joindre le nom de Crouy à son nom de Gerothwohl, à prendre les armes de Hongrie, *d'argent et de gueules, fascées de huit pièces*, promettant de le soutenir et défendre, dans cette nouvelle position, comme un membre de la maison de Hongrie, et réclamant de lui fidélité au serment que prête chaque membre de la famille.

Ils ont signé :

Signé : de Hongrie, comte de Crouy-Chanel,

Crouy-Chanel,

Henri comte de Crouy,

le marquis Auguste de Crouy,

F. Vte de Crouy.

II

ACTE DE MARIAGE

De M. Joseph Gerothwohl de Croy, avec Mlle Clémentine Charlotte, Claudine de Croy Chanel.

Traduit de l'anglais.

Mariages célébrés dans la paroisse de Saint-Martin in the Fields dans le comté de Middlesex, l'an 1835.

JOSEPH GEROTHWOHL DE CROY, demeurant dans la paroisse de Saint-Giles, Camberwel, dans le comté de Surrey, célibataire, et la marquise *Clémeutine Charlotte Claudine* de *Croy Chanel*, célibataire, demeurant dans cette paroisse, ont été mariés, en vertu de permis, dans cette église, ce seize mai de l'an mil huit cent trente-cinq, par moi, Dr Morgan, curé.

Ce mariage a été célébré entre nous, *Joseph* GEROTHWOHL de CROY.

Clémentine Charlotte Claudine de CROY CHANEL.

En présence de : COMTE DE CROUY,

O, M. SAUVEBŒUF,

JULIA, COMTESSE CROUY.

A. SAINT-MARTIN.

L'acte qui précède est une copie des registres appartenant à cette église.

En témoignage de quoi, ma signature, ce dix-sept août mil huit cent soixante-dix.

Signé : A. E. NORTHEY, curé.

III

EXTRAIT DE NAISSANCE

De madame la comtesse Clémentine Charlotte Claudine Croy Chanel.

Le six juin mil huit cent dix, par devant le maire de la ville de Grenoble, membre de la Légion d'honneur faisant fonction d'officier public de l'état civil, acte de naissance de *Clémentine Charlotte Claudine* Croy Chanel, née le quatre du présent, à sept heures du soir, fille de Monsieur, *Claude François Croy Chanel*, conservateur du dix-septième arrondissement forestier, domicilié rue Très-Cloitres et de dame *marie Charlotte Bagel*, mariés ; le sexe de l'enfant qui nous a été présenté a été reconnu féminin. Lecture du présent acte ayant été faite en présence du père, et de M. *Charles Leclet*, ancien conseiller au parlement et de M. *Gaspard Lambert d'Hautefare*, propriétaire, majeurs et domiciliés à Grenoble, ils ont signé avec nous.

Signé : Croy Chanel, Leclet, d'Hautefare et Renauldon maire.

Pour copie certifiée conforme par nous, maire de la ville de Grenoble, le dix avril mil huit cent soixante-douze.

Le maire signé : Ed. Calvet.

IV

ACTE DE BAPTÊME

De la comtesse Clémentine-Charlotte Claudine de Croy Chanel.

L'an mil huit cent dix et le six du mois de juin, dans l'Église cathédrale de Grenoble, a été baptisée *Clémentine-Charlotte Claudine*, fille légitime de M. le marquis *Claude-François de Croy Chanel de Hongrie*, conservateur des eaux et forêts, domicilié à Grenoble, rue Très-Cloîtres, et de Madame *Marie-Charlotte de Bagel d'Urfé*, son épouse.

Le parrain a été M. *Claude-François de Croy Chanel, Chambellan de sa Majesté, l'Empereur et Roi*, représenté par M. Charles-Étienne Leclet, ancien conseiller au parlement, et la marraine Mademoiselle *Clémentine Lambert d'Hautefare*, lesquels ont signé l'acte avec nous, ainsi que le père et les témoins.

Signé : DE LAGREÉ, curé.

Pour copie conforme,

Signé : CH. COTTON, curé de N.-D.

Vu pour l'authenticité de la signature de M. Cotton curé de Notre-Dame.

Grenoble, le onze avril mil huit cent soixante-douze,

Signé : A. ANGLAVE, V. G.

V

ACTE DE DÉCÈS

De Clémentine-Charlotte Claudine de Croy-Chanel, 1875. Décès dans le district de Kensington dans le comté de Middlesex.

N° 437. Le vingt-cinq août mil huit cent soixante-quinze, n° 91, Blenheim Crescent, est décédée de paralysie depuis trois ans et d'apoplexie; suivant le certificat de M. J. Kilmer, médecin. *Clémentine-Charlotte Claudine de* CROY CHANEL, âgée de soixante-cinq ans, épouse de *Claude-Joseph, comte de Croy Chanel*. La déclaration a été faite par V. D. Van Hende, 20, Orchard Street, Portmann square, présent lors du décès et inscrite le vingt-sept août 1875, par C. R. Barner, greffier d'état civil.

Je certifie que ce qui précède est une copie fidèle d'une mention dans le registre d'état civil des décès du district d'état civil de Kensington town dans le district du surintendant d'état civil de Kensington dans le comté de Middlesex. Et je certifie de plus que ledit registre est maintenant légalement sous ma garde, livre n° 76.

En témoignage de quoi j'ai signé ce jour vingt-huit mars mil huit cent soixante-dix-neuf.

Signé : SAM^el CORNILL, surintendant d'état civil.

VI

TRANSLATION A ALLEVARD (Isère)

Des restes mortels de la comtesse Clémentine de Croy Chanel, décédée à Londres, le 25 août 1875.

L'an 1876 et le 18 août, nous maire de la commune d'Allevard (Isère), sur la demande M. *Henri Charles Marie comte de* Gerothwohl de Croy Chanel de Hongrie, domicilié à Londres, avons transcrit sur les registres de l'état civil de cette commune l'acte de décès de madame la *comtesse de Croy Chanel,* sa mère dont les restes mortels viennent d'arriver à Allevard, pour y être inhumés selon le désir de la dite dame, cet acte dont il nous a présenté un extrait est ainsi conçu :

N° 437

Epoque et lieu du décès	25 août 1875 91 Bleinheim Crescent
Noms et prénoms	Clémentine-Charlotte Claudine comtesse de Croy Chanel.
Sexe	Féminin
Age	Née à Grenoble le 16 juin 1810 (65).
Qualité ou profession	Femme de Joseph Claude comte de Croy Chanel.
Cause du décès	Paralysée 3 ans ; apoplexie 24 heures Certifié par N. J. Kilmer M. B.
Signature, désignation et résidence du déclarant	V. D. Van Hende, présent au décès 20 Orhard Street Portmann square.
Epoque de l'enregistrement	27 août 1875.
Signature du registrar	C. R. Barnes Régistrar.

Je certifie que ce qui est ci-dessus est une copie conforme d'une inscription sur le registre des décès dans le district du régistrar de Kensington-town, district du régistrar impérintendant de Kensington comté de Middlesex, et je certifie en outre que ledit registre est en ce moment confié à mes soins selon le veu de la loi, registre n° 76, témoigné de ma signature aujourd'hui 27 août 1875.

Chas K. Barnes régistrar

Pour traduction certifiée conforme à l'original annexé. Londres le 27 août 1875.

Le chancelier   Signé : BRAQUEHAN

Vu pour légalisation de la signature ci-dessous apposée
L'élève consul gérant.

Signé : LEO CAUBET.

De laquelle transcription nous avons donné acte à M. le Comte de Croy Chanel qui a signé avec nous, et avons annexé à notre registre l'extrait de l'acte de décès à nous produit.

Extrait certifié conforme et délivré en mairie d'Allevard le premier septembre 1876.

Le maire.
Signé : DUFRESNE.

Ensuite se trouve cette mention :

Vu par nous E. Ducros, juge de paix du canton d'Allevard pour légalisation de la signature de M. Dufresne maire du canton et de la commune d'Allevard.

Allevard le premier septembre 1876.

Signé : VATHIER.

Je soussigné, docteur en médecine, médecin de l'ambassade de France et de l'hôpital français à Londres, certifie que sur la réquisition de M⁰ L. Caubet, élève consul gérant, le consulat général de France à Londres, j'ai procédé, ainsi qu'il suit, à l'ensevelissement du corps de Clémentine-Claudine-Charlotte, comtesse de Croy Chanel, décédée à Londres le vingt-cinq août mil huit cent soixante-quinze, à Blenheim Crescent, Nottinghill, n° 91 :

1° Le corps a été placé dans un double cercueil ; l'un de plomb dont les lames ont quatre millimètres d'épaisseur; l'autre en bois de chêne dont les parois ont une épaisseur de quatre centimètres et sont solidement retenues par des clous à vis ;

2° Le corps a été mis sur une couche d'un mélange désinfectant composé de parties égales de sulfate de zinc et de sciure de bois, et ensuite recouvert et entouré d'une couche épaisse du même mélange ;

3° Ces deux cercueils ont été ensuite placés dans un cercueil extérieur en chêne, d'une grande solidité, sur lequel sont apposés les sceaux du consulat général de France en Angleterre.

En foi de quoi j'ai délivré le présent certificat.

Fait à Londres le 31 août 1875.

Signé : A. Vintras, D. M.

N° 1218. Vu pour légalisation de la signature de M. le Dr Vintras, médecin de l'ambassade de France, apposée ci-dessus.

Londres, le 1er septembre 1875,

L'élève consul gérant,

Signé : Léo Caubet.

Nous élève consul gérant le consulat général de France à Londres.

Vu l'acte de décès ci-annexé de Madame Clémentine-Claudine, comtesse de Croy Chanel.

Vu la déclaration aussi annexée de M. le Dr A. Vintras, médecin de l'ambassade de France et de l'hôpital français, commis par nous, de laquelle il résulte que toutes les formalités sanitaires prescrites par les instructions ministérielles des vingt-cinq janvier mil huit cent cinquante-six, et quatre novembre mil huit cent soixante-huit, ont été remplies.

Autorisons le transport en France du corps de ladite dame Clémentine-Charlotte-Claudine, comtesse de Croy Chanel.

Fait à Londres le 1er septembre 1875.

Signé : Léo CAUBET.

Nous Consul général de France à Londres déclarons que, par suite de circonstances imprévues, il n'a pu être procédé au transport du corps de Madame Clémentine-Charlotte-Claudine, comtesse de Croy Chanel, conformément à l'autorisation en date du premier septembre dernier, qu'il y a lieu de mettre aujourd'hui à exécution.

Fait à Londres le cinq août 1876.

Signé : A. GENSTER.

Vu à l'arrivée en France.

Boulogne, le 14 *août* 1876,

Le commissaire spécial,

Signé : LOLAISSET.

Vu au départ de la gare de Paris-Lyon-Méditerranée
Le 15 août 1876.

Signé : Ouspéry.

Le commissaire de police du chemin de fer du Nord,
à Paris le 15 août 1876.

Signé : Chastain.

Vu à l'arrivée de la gare de Goncelin et au départ pour Allevard (Isère).

Goncelin, le 17 août 1876,

Pour le maire empêché,

L'adjoint. Signé : C. Sestier.

Nous maire d'Allevard (Isère), certifions que le cercueil de Madame la comtesse de Croy Chanel dont il est question ci-dessus, est arrivé en cette ville aujourd'hui.

Nous avons reconnu que ce cercueil est en parfait état de conservation, et que les deux cachets apposés dessus par le consul français à Londres, sont entièrement intacts et sans aucune altération.

Allevard, le 17 août 1876,

Pour le maire absent,

Le premier adjoint. Signé : Pra.

Copie certifiée conforme.

Allevard, le 2 septembre 1876,

Pour le maire absent,

Le premier adjoint. Signé : Pra.

VII

COMMUNE D'ALLEVARD.

CONCESSION PERPÉTUELLE

Pour sépulture, dans le cimetière communal.

Nous maire de la commune d'Allevard.

Vu le décret du 23 prairial an XII (12 juin 1804) dans ses dispositions relatives aux concessions de terrains pour fondations de sépultures dans les cimetières.

Vu l'ordonnance royale du 6 décembre 1843 relative aux cimetières communaux.

Vu l'arrêté de M. le préfet du département de l'Isère, en date du 19 septembre 1849, approbatif de l'avis du conseil municipal d'Allevard, en date du 12 février 1848, fixant le tarif des concessions de terrains pour sépultures, à 24 francs le mètre carré, pour une concession de onze mètres et au-dessus.

Vu la demande à nous présentée par Henri Charles Marie comte de Gerothwohl de Croy Chanel de Hongrie et M. Engelbert Claude Marie vicomte de Gerothwohl de Croy Chanel de Hongrie, son frère, domiciliés à Londres, et tendant à obtenir la concession perpétuelle de vingt-quatre mètres superficiels de terrain dans le cimetière de cette commune pour y fonder la sépulture particulière des membres de leur famille qui est originaire d'Allevard.

Les pétitionnaires s'engagent à verser immédiatement

dans la caisse du receveur communal pour prix de cette concession, la somme de 576 francs dont 384 francs au profit de la commune et 192 francs au profit des pauvres conformément à l'arrêté précité.

Arrêtons...

ARTICLE 1ᵉʳ

Il est fait concession perpétuelle, au profit des impétrants susnommés, de vingt-quatre mètres superficiels de terrain, dans le cimetière de cette commune, pour y fonder la sépulture particulière des membres de leur famille.

ARTICLE 2

Ladite concession est faite moyennant la somme de 384 francs, qui sera versée immédiatement dans la caisse du receveur de cette commune, et celle de 193 francs qui sera également versée dans la caisse du bureau de bienfaisance.

ARTICLE 3

Les droits de timbre et d'enregistrement du présent arrêté, demeurent à la charge des concessionnaires.

ARTICLE 4

Ampliations du présent arrêté seront adressées :
Auxdits cessionnaires ;
Au receveur municipal ;
Et au trésor du bureau de bienfaisance.

Fait en mairie le 14 août 1876.

Pour le maire absent.
Signé : PRA, 1ᵉʳ adjoint.

VIII

COMMUNE D'ALLEVARD

CONCESSION PERPÉTUELLE

Pour sépulture dans le cimetière communal

Nous maire de la commune d'Allevard,

Vu le décret du vingt prairial an XII (12 juin 1804) dans ses dispositions relatives aux concessions de terrains, pour fondations de sépultures dans les cimetières : Vu l'ordonnance royale du six décembre mil huit cent quarante-trois, relative aux cimetières communaux.

Vu l'arrêté de M. le Préfet du département de l'Isère, en date du dix-neuf septembre mil huit cent quarante-neuf, approbatif de l'avis du conseil municipal d'Allevard, en date du douze février mil huit cent quarante-huit, fixant le tarif des concessions de terrains pour sépultures à vingt-huit francs le mètre carré pour une concession de cinq mètres.

Vu la demande à nous présentée par M. Henri Charles Marie, comte de Gerothwohl de Croy-Chanel de Hongrie, et M. Engelbert Claude Marie, vicomte de Gerothwohl de Croy-Chanel de Hongrie, son frère, domiciliés à Londres, et tendant à obtenir la concession perpétuelle de cinq mètres superficiels de terrain dans le cimetière de cette commune pour y fonder la sépulture particulière des membres de leur famille qui est originaire d'Allevard.

Les pétitionnaires s'engagent à verser immédiatement dans la caisse du receveur communal pour prix de cette concession la somme de cent quarante francs, dont quatre-vingt-treize francs trente-trois centimes, au profit de la commune et quarante-six francs, soixante-sept centimes au profit des pauvres, conformément à l'arrêté précité.

Arrêtons.....

ARTICLE PREMIER

Il est fait concession perpétuelle au profit des impétrants susnommés, de cinq mètres superficiels de terrains dans le cimetière de cette commune pour y fonder la sépulture particulière des membres de leur famille.

ARTICLE 2.

La dite concession est faite, moyennant la somme de quatre-vingt-treize francs, trente-trois centimes, qui sera versée immédiatement dans la caisse du receveur de cette commune, et celle de quarante-six francs, soixante-sept centimes qui sera également versée dans la caisse du bureau de bienfaisance.

ARTICLE 3

Les droits de timbre et d'enregistrement du présent arrêté demeurent à la charge des cessionnaires.

ARTICLE 4

Amplications du présent arrêté seront adressées, aux dits cessionnaires, au receveur municipal et au trésorier du bureau de bienfaisance.

Fait en mairie le seize août mil huit cent soixante-seize.

Pour le maire absent
Signé : PRA, 1er adjoint.

Commune d'Allevard. — Bureau de bienfaisance d'Allevard.

Du 31 août 1876, reçu de M. le comte de Gerothwohl de Croy-Chanel, cinq cent soixante-seize francs.

Contributions directes.......	Exercice	1876	384 »	Le percepteur
Concession de terrain au cimetière.................	Exercice	1876	192 »	signé :
Total.......			576 »	MATTON.

Du 31 août 1879, reçu de M. le comte de Gerothwohl de Croy-Chanel, cent quarante francs.

Contributions directes.......	Exercice	1876	93 33	Le percepteur
id.	Exercice	1876	46 67	signé :
Total.......			140 »	MATTON.

IX

FONDATION D'UN PRIX DE VERTU

A ALLEVARD

*Faite par le comte Henry Gerothwolh de Croy Chanel
en mémoire de sa mère.*

L'an 1876 et le dimanche 27 du mois d'août, le conseil de fabrique de la paroisse d'Allevard s'est réuni en séance extraordinaire, en vertu d'une autorisation épiscopale, en date du 26 courant, sous la présidence du docteur *Chataing*.

Étaient présents : MM. CHATAING *président*, DUFRESNE *maire*, PAYRE, *curé*, BILLAN *trésorier*, DU PELOUX, NICOLAS GUERRE, AUGUSTE SALVAIN.

La séance ayant été déclarée ouverte M. le curé communique au conseil une lettre de M. le comte *Henri de Gerothwolh de Croy Chanel de Hongrie*, dans laquelle M. le Comte offre à la fabrique d'Allevard :

1° *Une somme de 500 fr. à la charge,* pour la fabrique, de faire célébrer le 25 août de chaque année, et à perpétuité, un service funèbre solennel pour le repos de l'âme de sa mère *Clémentine-Claudine-Charlotte, comtesse de Gerothwolh de Croy Chanel de Hongrie,* décédée à Londres le 25 août 1876, et dont les restes mortels viennent d'être transférés, à Allevard ;

2° *Une somme de 1000 francs,* dont le revenu, conformément aux dernières volontés de madame la Comtesse ci-dessus nommée, doit servir à former, tous les deux ans, *un prix de vertu* qui sera décerné à la fille ou femme mariée, pauvre, qui pendant ces deux ans aura le mieux soigné ses parents âgés, infirmes ou malades.

Le conseil, après délibération, accepte avec reconnaissance les propositions qui lui sont faites et prend les résolutions suivantes :

1° Toutes les années, à perpétuité, il sera célébré un service solennel dans l'église d'Allevard pour madame la comtesse Clémentine-Claudine-Charlotte, comtesse de Gerothwohl de Croy Chanel de Hongrie, conformément au désir de M. le comte Henri de Croy Chanel, le dimanche qui précédera le 25 août ; on invitera les fidèles à joindre leurs prières à celles des prêtres ;

2° En ce qui concerne le prix de vertu le conseil est heureux de s'associer à cet acte de charité si propre à réveiller le sentiment de la piété filiale, et accepte la gestion gratuite de la somme qui lui est confiée ; à cet effet il fait toutefois la réserve suivante : il ne sera tenu de ne donner pour le prix de vertu que le revenu net des mille francs.

La personne qui recevra la récompense sera désignée par M. le curé de la paroisse qui prendra conseil de dames du bureau de charité.

Le prix de vertu sera décerné dans l'église, après les vêpres, le dimanche qui précédera le 25 août, s'il tombe le dimanche, en souvenir de l'anniversaire de la mort de madame la comtesse ;

3° M. le trésorier est autorisé à placer en rentes sur l'État les deux sommes précitées.

Ainsi fait et délibéré à Allevard, le dimanche 27 août 1876. Ont signé au registre : Chataing, Payre, Dufresne, Bellay, Du Peloux, Guerre, Salvain.

Pour copie conforme,

Allevard le 29 août 1876. Signé : PAYRE, ch. hon. curé arch. d'Allevard.

X

DISCOURS PRONONCÉ

A l'occasion de la translation à Allevard des restes mortels de la comtesse Clémentine de Croy Chanel.

Mes bien chers frères,

Permettez-moi avant de terminer cette cérémonie funèbre, de traduire devant vous les impressions de mon âme en présence du spectacle pieux que j'ai sous les yeux. Si je prends la parole, ce n'est pas simplement pour vous féliciter et vous remercier de l'empressement que vous avez mis à honorer de votre concours les obsèques que nous venons de présider. J'ai mieux à faire encore, et je ne sors pas de mon rôle de prêtre, en cherchant à imprimer dans vos cœurs la grande leçon qui ressort aujourd'hui de tout ce qui se passe autour de vous. S'il m'était permis de donner un nom au monument au pied duquel je vous parle, je l'appellerais le monument de la piété filiale.

Nous venons de rendre les derniers devoirs à madame *Clémence-Claudine-Charlotte de Hongrie, Princesse d'Arpad, Comtesse de Gerothwohl de Croy-Chanel* née à Grenoble le 6 juin 1810, décédée à Londres le 25 août 1875.

Pourquoi cette pompe ? Pourquoi ce monument ? Pourquoi cette dépouille mortelle au milieu de nous ? Si vous pénétriez dans le sanctuaire que nous venons de bénir vous y liriez l'inscription suivante :

Déférant à ses derniers désirs, ses enfants l'ont fait inhumer au milieu de ses chers Dauphinois, à Allevard, qu'elle a tant aimé.

Il y a un an, bien loin de ces lieux, dans la capitale de l'Angleterre, une mère avait engagé avec son fils, une de ces conversations qui semblent inspirées du ciel. Rien n'annonçait pour elle une fin prochaine, et cependant elle transmettait à son fils chéri ses dernières volontés, comme si un message céleste fût venu lui annoncer qu'elle était mûre pour le ciel. Elle parlait de son cher Dauphiné qui l'avait vu naître, elle parlait d'Allevard avec un attendrissement inexplicable, car jamais elle n'avait habité notre pays. Elle demandait à son fils de faire transporter dans notre cimetière, ses restes mortels, si elle venait à mourir sur une terre étrangère. Quoi donc pouvait l'attacher si profondément à notre pays ? — la piété filiale. — Ses ancêtres avaient habité nos terres pendant de longs siècles. Dès sa plus tendre jeunesse, elle avait été élevée dans le culte de ces précieux souvenirs, et les richesses de son cœur filial se manifestaient par le désir de venir un jour reposer sur la terre qu'avaient habitée ses illustres ancêtres.

Son pauvre fils, atristé par ces lugubres communications, était sorti un instant pour aller cueillir une fleur qu'il voulait offrir à sa mère, comme l'expression de sa tendresse filiale, afin de détourner l'esprit de sa mère de ces tristes pensées. Hélas ! Il ne soupçonnait pas que cette fleur qu'il destinait à sa mère, devait sitôt être placée sur une tombe. Quand il rentra, sa mère n'existait plus.

Qui pourrait exprimer la douleur de ce fils, foudroyé dans ses plus tendres affections ? Il y a dans la vie humaine des douleurs qui ne peuvent recevoir aucun soulagement ici-bas. Je me trompe.

Il y a toujours une consolation dans les espérances que donne la foi ; et dans le culte religieux que nous devons conserver pour ceux que nous avons perdus.

M. le comte *Henri de Croy Chanel*, s'inclinant devant les décrets de la divine Providence, ne songea plus qu'à donner de nouveaux témoignages de sa profonde affection pour sa mère, en exécutant ses derniers désirs, ses dernières volontés.

Mais pour exécuter ces dernières volontés, il faut faire de grands sacrifices. Il faut traverser les mers et venir jusqu'au fond des Alpes ; mais rien ne coûte au cœur d'un fils, quand il s'agit d'honorer sa mère bien aimée. Et c'est dans ces circonstances que nous avons vu arriver cette dépouille mortelle, apportant au milieu de nous la double influence du bon exemple et de la charité chrétienne.

Je dis du bon exemple, car on nous l'a dit, et je suis heureux de le redire ici solennellement, celle dont nous honorons aujourd'hui les restes vénérés, sut conserver au milieu des honneurs de son rang et de sa fortune, cette noble simplicité chrétienne qui est la base de la véritable sainteté. Nous le savons, son nom sera toujours entouré d'une auréole de vénération auprès des personnes qui la connurent, et si son corps est en ce moment enseveli dans l'humble habit du tiers ordre de saint François, son âme doit déjà recevoir au ciel la récompense de sa charité et de toutes les vertus de sa vie si édifiante.

Pour nous qui ne l'avons pas connue, nous bénissons cependant sa mémoire qui vivra toujours parmi nous, en souvenir du prix de vertu qui portera son nom et qu'elle a voulu fonder pour réveiller le sentiment de la piété filiale dans notre population.

Monsieur le Comte, il y a quelques jours, vous arriviez inconnu au milieu de nous. Aujourd'hui je suis heureux de vous dire que déjà vous avez conquis les sympathies générales. Je vous en donne pour preuve cette manifestation spontanée dont nous sommes témoins et qui sera sans doute un adoucissement pour votre douleur, si une consolation humaine pouvait entrer dans la cœur d'un fils qui pleure sa mère.

Vous êtes venu à nous nous tendant une main affectueuse et reconnaissante, et nous souhaitons voir revivre les relations cordiales qui existaient jadis entre les Croy Chanel et la population d'Allevard.

Vous allez nous quitter, mais, nous l'espérons, vous reviendrez. En attendant nous vous donnons l'assurance que nous garderons avec un religieux respect les cendres de celle que vous pleurez, et que nous associerons votre nom au sien devant Dieu, pour prier le ciel de vous bénir.

Allevard le 3 septembre 1876.

Signé : L'abbé PAYRE,

Ch. honor. curé archiprêtre d'Allevard.

XI

NOMINATION

DE M. LE COMTE G^{hl} DE CROY-CHANEL

Au poste de consul général de la République de Nicaragua près de la Confédération Suisse.

TRADUIT DE L'ESPAGNOL.

*Palais national de Managua
le 23 juin 1863.*

A Monsieur le comte de Croy.

Le POUVOIR EXÉCUTIF SUPRÊME a daigné rendre la décision qui suit :

Comme il convient aux intérêts de la République d'avoir un agent dans la Confédération Suisse,

LE GOUVERNEMENT a décidé

De nommer consul général de la République dans la Confédération Suisse, M. LE COMTE DE CROY, auquel le Ministre des affaires étrangères expédiera les lettres de créances voulues.

Fait à Managua, le 23 du mois de juin 1863.

Signé : CASTILLO.

Le ministre des affaires étrangères,

Signé : ZÉLÉDON.

Et par ordre supérieur, je vous le transcris pour que vous en ayiez connaissance et pour votre acceptation, en me signant comme votre dévoué serviteur.

Signé : ZÉLÉDON.

A monsieur Claudius Franciscus Josephus
Comte Gerothwohl de Croy Chanel, de Hongrie.

XII.

Berne, le 9 novembre 1863.

Monsieur le PRÉSIDENT DE LA CONFÉDÉRATION SUISSE a chargé la chancellerie soussignée, de prier M. LE COMTE DE CROY de bien vouloir lui communiquer une copie des lettres qui l'accréditent, en qualité de *Consul Général et chargé d'affaires* de la République de Nicaragua (Amérique centrale) près la Confédération Suisse.

En s'acquittant de cette commission, la chancellerie fédérale a l'honneur d'offrir à M. le Comte de Croy les assurances de sa considération distinguée.

Au nom de la chancellerie fédérale.

Le chancelier de la Confédération,

Signature illisible.

Monsieur le Comte F. de Croy, à Berne.

XIII

Berne, le 12 novembre 1863.

Monsieur LE PRÉSIDENT DE LA CONFÉDÉRATION SUISSE a chargé la chancellerie soussignée, d'annoncer à M. le COMTE DE CROY qu'il aura l'honneur de le recevoir aujourd'hui, lundi, entre trois ou quatre heures de l'après-midi, en audience privée, pour la remise des lettres de créances qui l'accréditent en qualité de *Consul Général* de la République de Nicaragua, près la Confédération Suisse.

En s'acquittant de cette commission, la chancellerie fédérale s'empresse de renouveler à M. le *Comte de Croy* les assurances de sa considération très distinguée.

Au nom de la chancellerie fédérale.

Le chancelier de la Confédération,

(Signature illisible).

Monsieur le Comte de Croy, à Berne.

XIX

ACTE DE NAISSANCE

De Claude Marie Engelbert Gerothwohl de Croy Chanel.

TRADUIT DE L'ALLEMAND.

Extrait du registre des naissances de la paroisse.

N° 10. — A Höchst, le douze février mil huit cent trente-sept, entre une heure et deux heures de nuit, est né, et le quinze février, a été baptisé, par A. Devora, curé catholique de Höchst.

Claude-Engelbert-Marie Gerothwohl de Crouy Chanel de Hongrie, fils de *Claudius-Franziskus-Joseph*, *comte Gerothwohl de Crouy Chanel de Hongrie*, marié, chevalier héréditaire de Malte, catholique, demeurant à Höchst, né à Francfort-sur-Mein, et de son épouse *Clémentine-Claudine-Charlotte, marquise de Croy Chanel de Hongrie*, catholique, demeurant à Höchst, née à Grenoble, département de l'Isère, en France.

Pour extrait,

Höchst, le vingt février mil huit cent cinquante-huit.

(L. S.). Signé : Jos. MEHRER,
Administrateur de la paroisse,
Officier de l'état civil.

XV

ACTE DE NAISSANCE

Du Cte Henri G^{hl} de Croy Chanel.

TRADUIT DE L'ALLEMAND.

COPIE. — *Extrait du registre des naissances et des baptêmes de la paroisse catholique d'Offenbach.*

L'an du Christ, mil huit cent quarante, le vingt-huit mars, à une heure de nuit, suivant la déclaration digne de foi de Claude-François-Joseph, *comte Gerothwohl de Croy Chanel de Hongrie*, chevalier héréditaire de Malte, né à Francfort-sur-Mein, présentement demeurant en cette ville, est né le 28 mars, et a été baptisé *Charles-Marie-Henri*, deuxième fils du susdit, et de madame *Clémentine-Charlotte, Marquise de Croy Chanel de Hongrie*, née à Grenoble, département de l'Isère, en France, son épouse en première noce.

Le parrain a été *Charles*, FILS DU COMTE HENRI DE CROUY DE HONGRIE, chevalier de plusieurs ordres, né à Laon, département de l'Aisne (France,) présentement demeurant en cette ville, lequel a signé le présent acte, avec le père et moi, doyen et curé, qui ai administré le baptême.

    Signé : Gerothwohl, de Croy Chanel.
    Charles de Crouy.
    Andreas Grosser, doyen et curé.

La conformité de l'acte qui précède est certifiée. — *Offenbach, le vingt-quatre septembre mil huit cent cinquante-sept.*

    (L. S.). Signé : Ad. Wagner, curé.

La copie collationnée qui précède est conforme à l'original qui m'a été présenté, ce qui est, sur demande, certifié officiellement par le présent.

Fait à Francfort-sur-Mein, le vingt novembre mil huit cent soixante.

(Signé) (L. S.). Dr Johann, Jacob Hoffmann, notaire de la ville libre de Francfort.

Pour légalisation de la signature et du sceau officiel apposés ci-dessous. — *Francfort-sur-Mein, le vingt et un novembre mil huit cent soixante.* — La chancellerie de la ville.
Le conseiller de chancellerie (L. S.), signé : Dr Soltow.

Vu à la chancellerie de la légation de France, Francfort, le neuf février mil huit cent soixante et un. — Le chancelier de la légation (L. S.), signé : B^{on} Ch. Chazal.

Le ministre des affaires étrangères certifie véritable la signature de M. Ch. Chazal. — Paris, le 6 mai 1861.

    Par autorisation du ministre,
  Pour le sous-directeur chef de la chancellerie,

    (L. S.), signé : Dubois.

XVI

ACTE DE NATURALISATION

Du comte Henri G^{hl} de Croy Chanel

NAPOLÉON,

Par la grâce de Dieu et la volonté nationale.
EMPEREUR DES FRANÇAIS,
à tous présents et à venir salut :
Sur le rapport de notre garde des sceaux, Ministre secrétaire d'État, au département de la justice.
Avons décrété et décrétons ce qui suit.
Le Sr GEROTHWOHL DE CROY-CHANEL né le vingt-huit mars mil huit cent quarante, à Offenbach-sur-le-Mein (Allemagne), employé au chemin de fer de l'Est, demeurant à Paris, est admis à établir son domicile en France, pour y jouir des droits civils tant qu'il continuera d'y résider. Notre garde des sceaux, ministre secrétaire d'État au département de la justice est chargé de l'exécution du présent décret qui sera publié et inséré au Bulletin des lois.
Fait au palais de Saint-Cloud, le vingt-quatre août mil huit cent soixante et un.

Signé : NAPOLÉON.

Le garde des sceaux ministre secrétaire d'État au département de la justice. Signé DELANGLE.

XVII

EXTRAIT DU BULLETIN DES LOIS

Ci-dessus daté et énoncé.

Il a été extrait littéralement ce qui suit.

N° 12613 décret impérial contre signé par le garde des sceaux, ministre de la justice qui admet à établir son domicile en France, pour y jouir des droits civils tant qu'il continuera d'y résider le Sr *Gerothwohl de Croy-Chanel, von Ungarn* (Charles Marie Henri), employé au chemin de fer de l'Est, né le dix-huit mars mil huit cent quarante à Offenbach sur le Mein (Allemagne) demeurant à Paris.

Saint-Cloud, le vingt-quatre août mil huit cent soixante-un.

XVIII

ACTE DE MARIAGE

Du comte Henri de Gerothwohl de Croy-Chanel.

Ville de Versailles.

Extrait du « registre des actes de mariage de la ville de Versailles pour l'année mil huit cent soixante-deux.

Du mercredi vingt-sept août mil huit cent soixante-deux, deux heures du soir, acte de mariage de *Charles Marie Henri comte de* Gerothwohl de Croy-Chanel de Hongrie, propriétaire, demeurant à Versailles, avec sa mère, rue Saint-Louis n° 13, né en la paroisse d'Offenbach (Grand duché de Hesse), le vingt-huit mars mil huit cent quarante, fils majeur de *Claude François Joseph comte de Gerothwohl de Croy-Chanel de Hongrie*, propriétaire, chevalier héréditaire de l'ordre de Malte, demeurant à Sachsenhause (confédération germanique), dont le consentement sera énoncé ci-après, et de Clémentine *Charlotte marquise de Croy-Chanel de Hongrie* son épouse ici présente et consentant.

Et *Marie Hortense* de Marmiesse de Lussan, demeurant à Versailles, avec sa mère, rue Duplessis 41, née à Paris (sixième arrondissement ancien), le dix-sept juillet mil huit cent quarante-un, fille majeure de *Joachim Félix Marie de Marmiesse de Lussan*, rentier demeurant à Gheel (Belgique), dont le consentement sera énoncé ci-après et de *Catherine Louise Héloïse Robin*, son épouse; ici présente et consentant. Lesquels comparants de ce interpellés ont à l'instant représenté le certificat délivré le vingt-six de ce mois par M. Finot, notaire à Versailles, constatant que le contrat de mariage desdits futurs a été passé le même jour devant ledit Mᵉ Finot qui en a gardé minute.

Nous adjoint au maire de Versailles.

Vu : 1° Les actes de naissance des futurs ;

2° Le consentement du père du futur, résultant d'acte passé devant Mᵉ Besnard notaire à Versailles, le vingt-six juin dernier ; 3° celui du père de la future donné par acte passé devant Mᵉ Hausfeld, notaire à Gheel, le vingt du même mois ; 4° l'acte de naissance de l'aïeul paternel de la future.

5° L'acte de mariage de la sœur de la future avec M. Dogny, en date, à cette mairie, du 22 avril 1858 ; 6° un acte de notoriété reçu par Mᵉ Fabre notaire à Toulouse (Haute-Garonne), le 18 juin 1856 ; 7° les publications dudit mariage faites en cette mairie, les dimanches 17 et 24 août présent mois, sans opposition; 8° et la lettre de M. le procureur impérial près le tribunal civil de Versailles, d'après laquelle il peut être procédé au présent mariage, en l'absence de publications au domicile du père du futur. Lesdites pièces visées et paraphées de nous et des produisants et demeurées ci-annexées.

Après avoir donné lecture aux parties comparantes, assistées des témoins ci-après nommés, des actes sus-énoncés, relatifs à leur état et aux formalités de mariage ainsi que du chapitre sur le titre du mariage, sur les droits et devoirs respectifs des époux, avons reçu la déclaration de

Charles-Marie-Henri, comte de Gerothwolh de Croy Chanel de Hongrie, qu'il prend pour épouse *Marie-Hortense de Marmiesse de Lussan,* et de la part de celle-ci qu'elle prend pour époux ledit comte de Gerothwohl de Croy-Chanel de Hongrie. En conséquence, nous avons déclaré au nom de la loi qu'ils sont unis en mariage.

Tout ce que dessus fait en présence de *Wilhem-Péters-Cornelis Ckhout,* banquier, âgé de trente ans, demeurant à Paris, boulevard des Italiens ; de *Louise-Antoine Dumonchel,* chanoine du chapitre de la cathédrale de Versailles, âgé de soixante-neuf ans, demeurant en cette ville, rue Royale, amis de l'époux. *Louis Thiéry,* attaché au ministère de la marine, âgé de quarante-deux ans, décoré de plusieurs ordres étrangers, demeurant à Paris, rue du Faubourg-Saint-Honoré, 52 ; et de l'abbé *Engelbert-Claude-Marie, comte de Gerothwolh de Crouy Chanel de Hongrie,* âgé de vingt-cinq ans, demeurant à Versailles, dite rue Saint-Louis, n° 13.

Lesquels ainsi que les comparants ont déclaré que c'est par erreur, si dans son acte de naissance, ladite épouse a été nommée seulement Marmiesse au lieu de Marmiesse de Lussan, ce qui résulte, d'ailleurs, de l'acte de mariage de sa sœur avec M. Dogny, célébré en cette mairie, de l'acte de naissance de son aïeul paternel et de l'acte de notoriété fait à Toulouse ; lesdits actes ci-dessus énoncés et visés. Les témoins ont signé avec les époux, la mère de l'époux, celle de l'épouse, et nous, faisant par délégation les fonctions d'officier public de l'état civil, après lecture dudit acte de mariage qui a eu lieu publiquement en cette mairie les jours et ans susdits.

Pour extrait conforme délivré le 27 août 1862.

(Signé) H. DU VALDAILLY, adjoint.

XIX

DISCOURS

PRONONCÉ PAR L'ABBÉ THOMAS
VICAIRE APOSTOLIQUE, CHANOINE HONORAIRE,

Le jour du mariage du comte Henri de Croy Chanel (28 août 1862) à Versailles.

Mes très chers frères,

Les cérémonies de la religion sous l'éclatante munificence de leurs symboles, affirment des mystères profonds, révèlent des vérités sublimes et répandent les grâces les plus précieuses de la sanctification des âmes. Parmi ces imposantes solennités, la bénédiction nuptiale, à qui veut la contempler des yeux de la foi donne, elle aussi, de bien grandes leçons et rappelle les plus touchants souvenirs.

Elle dit que ce sacrement, institué par N.-S. J.-C., continue sous la loi de grâce, ce que la première bénédiction descendue des mains du créateur sur les hommes, avait manifesté au berceau du monde, c'est-à-dire la mission sainte de renouveler, de perpétuer et de sanctifier la famille humaine. Elle rappelle aux âmes nourries de la lecture des livres saints, l'amabilité, la candeur de Rachel, la sagesse respectée de Rebecca, la fidélité constante de Sara, puis, elle dit bien haut, dans le langage divin de la liturgie, dans les pièces apostoliques consacrées par la chaste autorité de l'Église que N.-S. J.-C. a ratifié cette antique bénédiction du père qui est dans les cieux en la transformant en un sacrement de la loi nouvelle.

Elle dit encore que grâce à l'efficacité mystérieuse de la bénédiction sainte, l'union des cœurs et des familles s'élève dans les régions supérieures, revêt un caractère céleste, passe du domaine étroit des intérêts et des passions de la terre dans la sphère plus large, plus calme, plus immuable aussi des choses sacrées. Ah ! la bénédiction du sacrement de mariage ! quelle grandeur, quelles lumières elle apporte avec elle ! Élevez, mes très chers frères, élevez en ce moment vos âmes et vos cœurs, au-dessus des pensées terrestres et profanes ! les engagements qu'elle consacre sortent des bornes du temps qui passe, et touchent aux intérêts de l'éternité qui ne passe point. Ici les témoins ne sont plus seulement des hommes, ce sont les prêtres du Dieu vivant et véritable, ce sont les autels de J.-C., ce sont les anges, c'est Dieu lui-même. — Ici l'alliance que l'Église bénit prend son modèle dans la plus haute, la plus auguste, la plus sublime de toutes les alliances, dans les fiançailles mystiques de J.-C. avec son église. Ici tout est religieux, tout est pur, tout est saint et pour tout dire en un mot, ce qui n'était qu'une société exclusivement civile chez les payens une cérémonie religieuse, sans doute, mais simplement extérieure et figurative chez les hébreux, devient sous l'influence de réalités radieuses de la grâce, un sacrement, un grand sacrement, dit l'apôtre des nations, grand dans J.-C., grand dans son église. Ces hautes vérités, ces grandeurs morales ont rempli les âmes de ces deux familles que la religion va unir par des liens indissolubles et sacrés. C'est l'héritage séculaire que depuis tant de siècles les enfants de ces deux roses antiques se passent fidèlement de main en main comme leur bien le plus précieux tous les deux avec une médiocre estime des biens passagers d'ici-bas, se sont mutuellement demandé, avant de s'unir au nom de N.-S. J.-C. la fidélité à ces traditions saintes, le respect de ces divines vérités, l'amour, l'observation de ces lois éternelles. A ce trait elles ont reconnu toutes deux qu'elles étaient appelées par la divine Providence à resserrer par les chaînes célestes du sacrement, cette union des esprits et des cœurs. Pour dot, elles ont apporté l'une et l'autre, l'honneur tel que nos preux et nos chevaliers le pratiquaient, la loyauté unie à la grandeur de l'âme et du caractère, la modestie dans l'illustration, la fidélité simple et constante aux devoirs à jamais respectés et scrupuleusement suivis de la religion.

Cette dot imcomparable, Mademoiselle, voilà votre vraie richesse, votre plus grand trésor, vous avez le bonheur d'y ajouter un nom, symbole vivant dans les annales de notre histoire, de la probité, de l'honneur et du courage.

Combien de fois, Mademoiselle, cédant au noble sentiment d'une fierté légitime, parce qu'elle était filiale, n'avez-vous pas remonté dans vos pieuses méditations le cours lumineux de votre histoire génésiaque et n'avez-vous pas applaudi avec nous, aux actions héroïques, aux vertus sublimes de ces ancêtres qui, aujourd'hui du haut du ciel font descendre leur paternelle bénédiction sur la jeune fille restée fidèle à leur gloire et à leurs vertus ! Un autre souvenir, j'allais dire un autre culte, vous protège à cette heure solennelle, où de nouveaux devoirs, des obligations sévères vous attendent dans une famille qui maintenant devient la vôtre. Pour devenir une épouse dévouée, une mère sainte et vigilante vous n'avez qu'à regarder près de vous, à imiter, non-seulement l'excellente mère que le ciel vous a donnée, mais encore celle qui vous accompagne dans ce sanctuaire, que vous aimez, que vous vénérez comme une seconde mère, la sainte femme qui, renonçant aux avantages de la naissance et de la fortune, en fit un trophé qu'elle déposa aux pieds de J.-C., son seul époux, aux pieds de la pauvreté, sa compagne chérie, sa sœur inséparable et préférée. Ah, j'en ai la douce confiance, vous imiterez ces parfaits exemples qui ont formé votre enfance et votre jeunesse ; à votre tour vous transporterez au sanctuaire du foyer domestique ce gracieux et pur apostolat de la femme chrétienne que vous avez si sincèrement admiré ici, au sanctuaire de N.-S. J.-C. et sous la bannière victorieuse de saint Vincent de Paul.

Telle est, Monsieur, la compagne que la religion remet aujourd'hui entre vos mains, je ne puis vous le dire sans remords, car j'ai parlé sans flatterie. — Mais vous-même n'avez-vous pas plusieurs fois éprouvé les mêmes sentiments, votre âme ne s'est-elle pas élevée au souffle généreux de ces mêmes pensées ? N'avez-vous pas remercié Dieu en toute simplicité, de vous avoir fait descendre d'une famille qui fit admirer des saints sur le trône et sous la décadence des rois ? N'avez-vous pas été touché de compter dans votre maison, ces immortels défenseurs de l'Église et de la civilisation chrétienne dans le monde. Je le sais, en véritable disciple du Christ, vous avez mis sous vos pieds ces préjugés que la raison et la religion condamnent, et dans ce siècle qui, trop souvent pour son malheur, répudie les vertus héréditaires pour n'apprécier que les succès palpables et sensibles aux yeux.

Vous avez montré un cœur supérieur à la fortune, plus grande que les préoccupations mesquines de ce temps digne enfin des respects qui vous entourent et que vous commandez. — Il est vrai, pour nous, ce n'est pas un mystère. C'est l'œuvre légitime de votre respectable mère qui n'a cessé d'être aux yeux de ses enfants et de ceux qui ont l'honneur de la connaître, la femme forte de l'évangile, au cœur viril et doux, à l'âme énergique et tendre, au dévouement d'autant plus généreux et magnanime qu'il se cache et s'ignore. Vous mettrez votre gloire, monsieur, à transmettre à ceux qui vous suivront, intact et pur, le dépôt sacré que vous avez reçu de ses mains maternelles, la foi, l'honneur, une vie sans tache, respecté de vos frères et agréable à Dieu. Comme le jeune Tobie, vous vous rappellerez que vous êtes de la famille des saints, et je m'assure que vous ne sortirez jamais de la maison.

Voilà, mes enfants, sous quels auspices vous paraissez tous deux au pied de cet autel, celui qui vous y reçoit est un prêtre, j'ai presque dit un père, heureux, je vous assure, de vous bénir et de s'associer de cœur aux ferventes prières que notre vénérable confrère va répandre sur l'autel du sacrifice et de miséricorde aux espérances si bien fondées qu'apporte ici cette noble assemblée, et qui dans une prière unanime, demande à Dieu de vous accorder les biens du temps, mais surtout de vous combler des biens de l'éternité. Ainsi soit-il.

Hommage affectueux à Mlle Augusta de Marmiesse de Lussan.

Signé : AL. THOMAS.

XX

DISCOURS

PRONONCÉ PAR LE RÉVÉREND PÈRE DUMONCHEL

CHANOINE HONORAIRE DU CHAPITRE DE VERSAILLES

Le jour de la célébration du mariage de M. le comte Henry de Croy Chanel
(28 août 1862, à Versailles).

Un mot à mes petits amis.

Je ne puis rien ajouter au discours si bien senti, si conforme à la circonstance et si éloquemment prononcé par mon estimable et vénéré confrère.

Je désire seulement, chers époux, reporter un instant vos souvenirs sur la manière toute providentielle dont Dieu a bien voulu se servir pour former votre union.

Pour moi, il ne m'est pas possible de m'en rendre compte, de me l'expliquer, qu'en me disant : la volonté de Dieu était là ! C'est lui, oui ce sont ses doigts adorés qui en ont tracé le contrat dans le ciel.

En effet, comment ne pas le reconnaître quand on pense que ces deux familles ne se connaissaient nullement, et qu'il a suffi à deux personnes d'échanger quelques mots pour arriver à cet heureux résultat.

Plusieurs années sont d'abord demandées par la vénérable et bienfaisante parente, à la fin de ce premier entretien, elle n'en désire plus qu'une pour donner le temps à sa chère cousine d'éprouver sa vocation et deux mois à peine se sont écoulés que Dieu permet que nous procédions à la célébration de cette union.

Aussi, chers époux, c'est avec bonheur que nous vous voyons aujourd'hui unis par le sacrement que notre divin sauveur a institué pour sanctifier l'union légitime de l'homme et de la femme.

Quels doivent être les sentiments de votre cœur et de votre reconnaissance ! Comme vous devez en être pénétrés !

La divine providence pouvait-elle vous montrer plus visiblement qu'elle vous avait destinés à vivre ensemble ! non assurément. Mais aussi une telle bonté exige de votre part les plus sincères réflexions.

Vous devez vous dire comme le saint Tobie : Nous sommes les enfants des saints, des enfants de prédilection, nous vivrons dans notre union le plus saintement possible, nous éviterons tout ce qui pourrait blesser la sainteté de notre état, et pour nous maintenir dans cette heureuse disposition nous prierons, nous jeûnerons ensemble, ensemble nous viendrons adorer Dieu dans sa maison sainte, nous assoir au banquet sacré, ensemble nous partagerons les biens et les maux, les peines et les consolations.

Telles doivent être et telles sont les résolutions que vous avez prises et que vous renouvelez en ce moment en la présence du Dieu qui vous aime et qui veut faire votre bonheur.

Soyez assurés, chers époux, qu'en vous conduisant ainsi vous vous constituerez l'estime des gens de bien, l'affection la plus tendre de vos chers parents et de vos amis, et, ce qui est plus précieux encore, vous ferez descendre sur vous et sur vos enfants, s'il plaît à Dieu de vous en donner, toutes les bénédictions du ciel.

C'est la grâce que vous souhaite celui qui vous aime bien sincèrement en Notre Seigneur Jésus-Christ, ainsi soit-il.

XXI

ACTE DE NAISSANCE

De Henriette-Marie-Louise-Jehanne

Du 25 février 1868, à midi.

Acte de naissance de Henriette-Marie-Louise-Jehanne, du sexe féminin, née le vingt-deux de ce mois, à une heure du matin, à Paris, boulevard Saint-Michel, n° 73, et à nous présentée, fille de Charles-Marie-Henri comte de Gerothwohl de Croy Chanel de Hongrie, âgé de vingt-sept ans, chevalier héréditaire de l'ordre de Malte, et de Marie-Hortense de Marmiesse de Lussan, âgée de vingt-six ans, son épouse, rentiers, demeurant comme dessus. Les témoins sont :

Adolphe Guerquin, âgé de vingt-quatre ans, employé, demeurant à Paris, rue d'Ulm, 25, et Claude-Marie-Engelbert comte de Gerothwohl de Croy Chanel de Hongrie, chevalier héréditaire de Malte, oncle paternel, âgé de trente-un ans, rentier, demeurant à Paris, rue des Feuillantines, 52.

Sur la déclaration faite à nous, Jean-Louis Michau, adjoint au maire du cinquième arrondissement, par ledit comte de Gerothwohl de Croy Chanel de Hongrie, père présent, qui a signé avec les témoins et nous, lecture faite dudit acte.

Signé : Comte E. DE GEROTHWOHL DE CROY CHANEL DE HONGRIE,
Comte H. DE GEROTHWOHL DE CROY CHANEL DE HONGRIE,
GUERQUIN, MICHAU.

Pour copie conforme,
Paris, le 13 avril 1872.

Le maire,
Signé : CHAPEY, adjoint.

XXII

ACTE DE BAPTÊME

L'an mil huit cent soixante-huit, le vingt-deux février, est née, et l'an mil huit cent soixante-dix, le vingt-huit mars, a été baptisée Henriette-Marie-Engelberte-Clémentine-Jeanne-Louise, fille de Charles-Marie-Henry de Croy Chanel et de Marie-Hortense de Croy Chanel (née de Marmiesse), son épouse, par moi, frère Dominique O. S. F. C. Le parrain a été Engelbert-Claude-Marie de Croy Chanel, et la marraine Clémentine-Claudine-Charlotte de Croy Chanel.

Je soussigné certifie que l'extrait qui précède est en tout conforme au registre.

En foi de quoi j'ai signé les présentes.

Au monastère des Capucins, à Peckam (Londres), le vingt-sept janvier mil huit cent quatre-vingt.

Signé : Fr. Dominique, gardien chapelain.

XXIII

Allevard, le 26 août 1878.

ALLOCUTION

PRONONCÉE A L'ÉGLISE D'ALLEVARD

Avant la remise du prix de piété filiale

FONDÉ PAR M. LE COMTE DE CROY CHANEL

Mes très chers frères,

Vous ne l'avez point oublié, il y a trois ans, Monsieur le comte de Croy Chanel amenait à Allevard la dépouille mortelle de sa mère, décédée sur la terre étrangère, bien loin d'ici, à Londres. Elle avait manifesté le désir que ses restes fussent déposés à Allevard, pays originaire de sa famille. Elle voulait que la terre qui fut autrefois le berceau de ses ancêtres, reçût aussi son tombeau. Fils respectueux, scrupuleusement obéissant aux dernières volontés de cette mère tant aimée et regrettée, M. le comte vient ici, apportant ce précieux dépôt, il élevait à la hâte ce monument qui décore notre cimetière, et déposait là les restes mortels de celle qu'il avait appelée si souvent du nom de mère.

Voulant qu'elle ne vous fût point étrangère, pour que vous l'entouriez de votre affection et de vos prières, il répandit d'abondantes aumônes, et fit en passant parmi vous tout le bien possible.

Mais cette noble femme, dont la vieillesse avait été consolée par les soins affectueux de son fils, avait pensé au malheur de ces vieux parents, que des enfants oublieux de leurs devoirs abandonnent et délaissent. Elle voulut, autant qu'il lui était possible, diminuer le nombre de ces enfants ingrats et de ces parents infortunés, en créant parmi vous une œuvre durable, qui fût comme une leçon constante de piété filiale, en offrant une récompense à ceux qui auraient le mieux compris et pratiqué cette vertu.

M. le comte, entrant généreusement dans la pensée touchante de sa mère, remettait à mon vénéré prédécesseur une somme importante, dont les revenus doivent tous les deux ans et à perpétuité, être donnés en prix à la personne de la paroisse qui sera reconnue avoir entouré de plus de soins et d'affection ses parents pauvres, âgés ou infirmes.

C'est au curé de la paroisse, assisté par les dames qui composent le bureau de charité, que M. le comte de Croy Chanel a confié la délicate mission de désigner la personne qui aurait mérité cet honneur, et c'est un dimanche qui précède l'anniversaire de la mort de madame la comtesse, qui a été fixé pour toujours, la remise de cette récompense.

Voilà pourquoi nous accomplissons aujourd'hui cette cérémonie touchante qui, je l'espère, ne sera pas seulement une joie pour la personne choisie par ces dames, mais aussi et surtout un encouragement puissant à bien faire leur devoir pour tous ceux à qui la Providence accorde la faveur de garder longtemps leur vieux père et leur vieille mère.

Après de longues recherches et de mûres réflexions, notre choix s'est arrêté sur une femme qui a prodigué des soins dévoués et constants à sa mère âgée et atteinte d'une cruelle infirmité pendant sept longues années. Cette bonne mère est restée clouée sur un lit de souffrances par une paralysie qui ne lui laissait aucun usage de ses membres. Après avoir ainsi soigné sa mère jusqu'à la fin, cette pieuse fille a dû subvenir encore aux besoins de son père qui, pendant huit ans, fut réduit à la plus complète impuissance. Fille dévouée, elle n'a pas calculé ce que lui coûtait de peines et de dépenses une situation si pénible et qui se prolongeait si longtemps.

Elle a fait son devoir jusqu'au bout, sans autres ressources que son travail et les secours que lui apportaient sans doute les témoins attendris et charitables de sa piété filiale. Et, ce qui rend son dévouement plus digne d'éloges, c'est qu'en même temps elle était obligée de pourvoir seule et dans des conditions les plus fâcheuses, à l'entretien de ses enfants.

Assurément, jamais elle n'avait compté qu'aujourd'hui ces actes de piété filiale seraient publiquement célébrés et récompensés.

Elle n'agissait alors que par le sentiment du devoir. C'est donc avec bonheur que nous lui décernons ce prix de piété filiale, en exprimant le vœu qu'elle soit récompensée plus largement encore par l'amour de ses enfants en ce monde et dans le monde à venir, par la possession réservée dans le ciel aux enfants bien nés, qui auront eu toujours présent à l'esprit et mis en pratique ce commandement du Seigneur :

Tes père et mère honoreras afin que tu vives longuement.

Le curé-archiprêtre d'Allevard,

Signé : P. BALME.

XXIV

Par devant Mᵉ ALEXIS-ACHILLE DELAUNAY
et Mᵉ EMILE-ALEXANDRE BAUDRIER
notaires à Paris, soussignés

A comparu :

M. François-Claude-Auguste marquis de Croy Chanel, propriétaire, demeurant à Naintrac, canton de Châtellerault (Vienne), en ce moment à Paris, logé chez M. le comte de Gerothwohl de Croy Chanel de Hongrie, son neveu.

Lequel a, par ces présentes, fait donation entre-vifs et irrévocable.

1ᵉⁿᵗ A M. Charles-Marie-Henri comte de Gerothwohl de Croy Chanel de Hongrie, son neveu, propriétaire, demeurant à Paris-Auteuil, rue Dangeau, n° 1 *bis*.

A ce présent et qui accepte.

Et subsidiairement à Madame Marie-Hortense-Augusta de Marmiesse de Lussan, sa nièce par alliance, épouse assistée et autorisée de M. le comte de Gerothwohl de Croy Chanel de Hongrie, sus-nommé, avec lequel elle demeure, à Paris, rue Dangeau, n° 1 *bis*.

A ce présent et qui accepte, sous l'autorisation de M. le comte de Gerothwohl de Croy Chanel de Hongrie, son mari, sus-nommé.

De l'usufruit des meubles et objets mobiliers décrits et

estimés, article par article, en un état dressé par les parties à la date de ce jour, sur trois feuilles de timbre à un franc vingt centimes, lequel non encore enregistré, mais qui le sera en même temps que les présentes, est demeuré ci-annexé, après avoir été certifié sincère et véritable par les parties et revêtu d'une mention d'annexe par les notaires à Paris, soussignés. Lesdits meubles meublants et objets mobiliers estimés à une somme totale de dix mille trois cent quarante-cinq francs.

Pour M. le comte et Mme la comtesse de Gerothwohl de Croy Chanel de Hongrie, sus-nommés, jouir successivement de cet usufruit, savoir :

M. le comte de Gerothwohl de Croy Chanel de Hongrie, pendant sa vie, à partir de ce jour.

Et Madame la comtesse Gerothwohl de Croy Chanel de Hongrie, dans le cas où elle survivrait à son mari, aussi pendant sa vie, à compter du jour du décès de ce dernier.

2^{ent} A Mademoiselle Henriette-Marie-Louise-Jéhanne de Gerothwohl de Croy Chanel de Hongrie, sa petite-nièce, demeurant chez son père, sus-nommé.

Mineure, comme étant née à Paris, sur le cinquième arrondissement, le vingt-deux février mil huit cent soixante-huit, du mariage de M. le comte et de Mme la comtesse Gerothwohl de Croy Chanel de Hongrie, sus-nommés.

Ce qui est accepté expressément par M. le comte Gerothwohl de Croy Chanel de Hongrie, son père, ayant qualité à cet effet d'après l'article 935 du code civil.

De la nue propriété des meubles et objets mobiliers sus-énoncés, dont l'usufruit a été donné ci-dessus, successivement à M. le comte et à Mme la comtesse de Gerothwohl de Croy Chanel de Hongrie.

Pour la mineure de Gerothwohl de Croy Chanel de

Hongrie, être propriétaire desdits meubles et objets mobiliers, à compter de ce jour, et avoir droit à leur jouissance, soit à partir du décès de M. le comte de Gerothwohl de Croy Chanel de Hongrie, son père, soit à partir du décès de Madame la comtesse Gerothwohl de Croy Chanel de Hongrie, sa mère, si cette dernière survit à son mari.

M. le comte de Gerothwohl de Croy Chanel de Hongrie se reconnaît en possession des meubles et objets mobiliers ci-dessus donnés.

Dont acte.

Fait et passé à Paris, en l'étude de Me Delaunay, l'un des notaires soussignés.

L'an mil huit cent quatre-vingt.

Le dix-huit mai.

Et après lecture, M. le marquis de Croy Chanel et M. le comte et Mme la comtesse Gerothwohl de Croy Chanel de Hongrie ont signé avec les notaires.

La lecture du présent acte par Me Delaunay, l'un des notaires soussignés, et la signature par M. le marquis de Croy Chanel et M. le comte et Mme la comtesse Gerothwohl de Croy Chanel de Hongrie, ont eu lieu en la présence réelle de Me Baudrier, notaire en second.

---

1. — *Du LANDGRAVE DE HESSE, à Mme la Comtesse Clémentine Gerothwohl de Croy Chanel.*

Madame,

M'ayant demandé, pour les Jésuites, d'établir à Hombourg, ma résidence, un collège, vous n'y avez pas pensé, que je professe la religion réformée, et que la majorité éminente de mes sujets appartient, tout de même, au protestantisme.

Considérant ce fait, et sauf le respect que j'ai pour tous les cultes chrétiens, je ne puis pas accorder à une société religieuse qui a pour but de combattre le protestantisme, la permission d'ériger un collège, ni dans ma résidence, ni dans quelqu'autre endroit de mes États.

Quant à mes sujets catholiques, ils ne se trouvent nulle part gênés pour l'exercice de leur foi, et les prêtres de leur religion, sous l'autorité suprême de deux évêques et de deux archevêques, suffisent pour leurs besoins spirituels et pour le salut de leurs âmes.

Ainsi, Madame, je me trouve hors d'état d'accorder la demande que vous avez voulu m'adresser dans votre lettre du 16 de ce mois.

Agréez, Madame la Comtesse, l'assurance de mon parfait dévouement.

FERDINAND,
Landgrave de Hesse.

Hombourg, le 22 mai 1855.

2. — *De M. O. de la Marmora, à la C^esse G^hl de Croy.*

Madame la Comtesse,

Je serais heureux de pouvoir vous transmettre les renseignements pour lesquels vous avez bien voulu vous adresser à moi, aussi précis que vous le désirez, mais je me vois dans l'impossibilité de le faire d'une manière satisfaisante, devant nécessairement me limiter à des indications générales.

D'après les règlements sur l'organisation de l'armée, tout individu qui ne sort pas d'une école spéciale, est tenu, s'il veut entreprendre la carrière militaire, de s'enrôler comme simple soldat et parcourir les différents grades, en se soumettant aux examens prescrits.

Pour ce qui est des emplois civils, des règlements spéciaux déterminent les conditions d'admission, pour chacune des carrières, ainsi que les examens à subir, sur les différentes matières, qui varient, naturellement, en raison des carrières.

Je prévois, Madame la Comtesse, que ces données bien vagues vous seront insuffisantes, mais je ne pourrais guère répondre d'une manière plus précise à une demande entièrement générique, et qui n'est relative à aucune carrière déterminée.

Je souhaite que vous vous décidiez, Madame, à choisir notre ville pour résidence et je me ferai alors un plaisir de vous procurer les plus amples notions qui pourront vous être utiles.

Je saisis, en attendant, cette circonstance pour vous prier d'agréer, Madame la Comtesse, l'expression des sentiments distingués, de votre dévoué serviteur.

OCTAVE DE LA MARMORA
Intendant-général de Nice.

Nice le 7 juillet 1855.

3. — De M⁹ Mestayer, à M. Engelbert G^{hl} de Croy Chanel.

21 décembre 1856.

Monsieur l'Abbé,

Ma lettre à M. le Comte Henry de Croy, m'est retournée simplement, par la poste sans réponse, bien qu'elle ait été ouverte et reçue à Pesth.
Je crois donc qu'il faut renoncer au recouvrement de ce qui est dû à M⁹ votre mère, par les voies amiables.

Agréez je vous prie l'assurance,
de mon dévouement,

MESTAYER.
Notaire à Paris.

4. — *Du Vte F. de Croy, à l'abbé Engelbert de Croy.*

Lest Barres le 9 janvier 1857.

Mon cher Neveu,

Je vous remercie de votre lettre. Je ne vous ai pas répondu, comptant vous voir à mon retour de Paris, où je compte aller ce soir, mais, comme dans ce monde, on ne sait jamais l'avenir, je profite d'un de mes amis et voisins, pour vous envoyer vos étrennes (savoir : 20 fr.).

C'est un grand plaisir pour moi d'aller vous voir, ainsi que votre mère, et votre frère que je ne connais pas.

Tout à la hâte

Votre vieil oncle,

FRANÇOIS DE CROY.

A M. l'Abbé Engelbert Gerothwohl de Croy Chanel.

5. — *De Mgr L. H. de Ségur, à Mme la C^ssc G^hl de Croy Chanel.*

Fragments de lettre.

..... cordialement, mon brave Henry, à qui je recommande d'être bon chrétien et bon fils, et je me rappelle aussi au souvenir affectueux d'Engelbert.

Pour vous, chère Madame, soyez toujours assurée de mon affectueux dévouement.

L. H. DE SÉGUR.

Paris, le 16 février 1858.

A Madame la comtesse G^hl de Croy Chanel.

6. — *Du comte A. de Ségur, au comte Henry G^{hl} de Croy Chanel.*

Monsieur,

J'espère pouvoir vous faire admettre chez son Altesse la Princesse Bacciochi, dans une excellente condition, mais il est nécessaire, avant tout, que je sache, par moi-même quelques renseignements précis, sur votre aptitude à l'emploi qu'elle vous confierait.

Veuillez donc, venir chez moi, demain dimanche, de midi à une heure, si vous recevez cette lettre à temps, ou lundi à la même heure.

Croyez, Monsieur, à mes sentiments
les plus affectueux.

Le comte A. de Ségur
120, rue du Bac.

12 mars 1859.

Monsieur le comte Henry G^{hl} de Croy Chanel.

7. — *Du* DUC DE BASSANO *à M*^me *la* C^sse G^hl *de Croy Chanel.*

Madame la Comtesse,

J'avais quitté Paris, lorsque la lettre que vous m'avez fait l'honneur de m'écrire le 14, m'est parvenue, et je ne pense pas être de retour avant le milieu d'octobre.

Si l'objet dont vous désirez m'entretenir se rapporte à la demande, que M. votre fils m'avait confiée, j'ai le regret d'avoir à vous prévenir qu'elle n'a pas pu être accueillie, sa Majesté ayant des anciens engagements auxquels il ne lui a pas encore été possible de satisfaire.

Veuillez, Madame la Comtesse, agréer
mes respectueux hommages.

DUC DE BASSANO

Dinard 17 août 1861.

8. — *De Mgr l'Évêque de Versailles à Mme la C^{sse} G^{hl} de Croy-Chanel.*

Madame,

Permettez-moi de vous offrir mes hommages et de vous demander quand je pourrai vous voir pour vous faire une communication importante ; demain, vendredi, 4, je serai chez moi, de midi à 4 heures, ou, j'irai chez vous, si vous le voulez.

Je suis avec bien du respect
votre tout dévoué serviteur.

FÉLIX, évêque de Versailles.

Versailles, le 3 janvier 1862.

9. — *Du Prince Lubomirski.*

Mon cher Comte,

Je vous ai attendu jusqu'à quatre heures et demie, et je suis obligé de sortir. Dans le cas que vous ayez besoin de moi, je suis aux Paquis, campagne de la comtesse de Montailleur, chez le comte de Koucheleff.

Je vous serre la main,

Tout à vous.

LUBOMIRSKI.

10 *avril* 1863.

10. *Du Baron Muller de Kochensteinsfels.*

Mon cher ami,

Ce matin, m'a quitté mon secrétaire, M. Beckenthal, qui m'avait prié de lui donner une lettre de recommandation pour vous. J'ai satisfait à sa demande, en vous le recommandant peut-être trop chaudement, parce qu'après son départ différentes nouvelles me sont parvenues qui me font presque regretter de vous l'avoir adressé ; enfin, pour l'acquit de ma conscience, et pour que vous n'ayez pas à vous plaindre de moi, pour vous avoir adressé quelqu'un qui ne mérite peut-être pas la confiance que j'avais en lui et que vous pourriez lui donner, sur ma recommandation, je fais suivre cette lettre.

Salut cordial.

Votre tout dévoué ami.

Signé : BARON MULLER DE KOCHENSTEINSFELS.

Kochensteinfeld, 15 *avril* 1863.

11. — *Du marquis de Maupas, préfet des Bouches-du-Rhône, au comte H¹ G^{hl} de Croy Chanel.*

Au château de Souvent.

Monsieur le Comte,

Vous m'avez fait l'honneur de me recommander M. de Lespaul, qui désire obtenir à Marseille, une place, soit dans les bureaux de la compagnie du chemin de fer, soit dans la compagnie des Doks.

J'aurais été heureux, Monsieur le comte, de pouvoir seconder le bienveillant intérêt que vous voulez bien porter à Monsieur de Lespaul, mais, son âge déjà avancé, et d'autre part, la rareté des vacances qui se produisent dans ces administrations me laissent peu d'espoir de voir se réaliser le désir que vous avez bien voulu me manifester en sa faveur.

Je le regrette d'autant plus, que j'aurais saisi avec satisfaction l'occasion de faire quelque chose qui vous fût agréable.

Recevez, Monsieur le Comte, l'assurance de ma considération distinguée,

DE MAUPAS.

Marseille le 28 juillet 1863.

12. — *Du Marquis Ph. Villani.*

Mon cher ami,

J'étais ici, comme d'intelligence, à onze heures, en vous attendant; votre secrétaire, M. Frantz m'a reçu avec une amabilité et une bienveillance que je ne méritais pas. J'ai déjeuné avec lui et très bien, à midi. Je vous ai attendu jusqu'à présent deux heures, je vais à Bex pour y prendre mon second bain. Demain, je serai encore ici, à onze heures pour vous voir, et pour avoir de vous tous les papiers et les pièces qui me sont nécessaires pour votre affaire qui est presque la mienne.

Adieu, de tout mon cœur, cher Henry, et bien des choses à votre très aimable dame.

Croyez-moi toujours votre très affectionné serviteur et ami.

Marquis PHILIPPE VILLANI.

Je suis à Bex à l'hôtel de l'Union.

Sousvent 25.

13. — *De M. Marcoletta, au comte Joseph, G^{hl} de Croy.*

Bayonne, *le 16 septembre 1863.*
23, rue Lormaud.

Mon cher Comte,

Voici le décret de votre nomination; la lettre que le ministre vous adresse, et celle que le même écrit au ministre des affaires étrangères de la Confédération Suisse.

Veuillez m'en accuser réception.

Je crois ce que vous me dites de M. F...

Il est du plus grand intérêt que vos démarches soient marquées au coin de la réserve. Ne faites rien officiellement, mais tâchez de savoir au juste, si ce qu'on dit du mauvais état du crédit de M. F... est vrai ou non, si ses relations sont aussi puissantes qu'on veut le dire. Veuillez m'informer, avec le moindre délai possible, ce qu'il en est sur toutes ces choses, relativement à cette affaire.

B... est allé à Nicaragua, au nom de M. F..., pour proposer un traité de canalisation.

Il paraît qu'il a obtenu quelque chose du gouvernement de Costa-Rica, mais que les Chambres n'ont pas encore ratifié le traité qu'il aurait passé.

Il a fait publier en France, qu'il aurait obtenu la même chose du gouvernement de Nicaragua, mais je crois que ceci n'est pas vrai. Je n'en ai pas la moindre connaissance, et je devrais le savoir.

Nous devons nous limiter maintenant à l'observation, et essayer d'obtenir tous les renseignements possibles, sur le pouvoir financier de F... et associés, s'il en a effectivement.

Envoyez-moi tous les renseignements que vous pourrez obtenir et je vous dirai ce qu'il faudrait faire. Mais n'oubliez pas qu'il faut de la prudence et de la circonspection.

Ne vous déclarez point, ni pour ni contre; observez seulement et informez-vous à fond. On verra après, ce qu'il y a à faire.

N'oubliez pas mes recommandations, car si vous agissiez autrement, vous pourriez pour le moment compromettre le gouvernement et vous compromettre vous-même.

Accusez au Gouvernement la réception de votre nomination et attendez pour cela, avoir obtenu l'exéquateur suisse, pour en rendre compte.

Ci-joint quelques renseignements qui vous seront utiles.

Croyez-moi votre tout dévoué.

Tout à vous.

MARCOLETA.

14. — *Du Prince Auguste de Crouy-Chanel au comte Henry, G^hl de Croy.*

Gênes le 22 juin 1864.

Je vous confirme, mon cher ami, ma dernière, et viens vous prier de vouloir bien envoyer par le courrier la brochure de Coston à William, chez M. Edouard de Ventavon, rue Vaucanson, à Grenoble.

C'est vous dire, mon cher ami, que votre opinion l'emporte enfin, sur les hésitations toujours mauvaises, William poursuivra par ordre formel de son père.

Je vous envoie par ce courrier la dernière consultation de Niary, je l'ai envoyée également à M. Maisonville qui, je l'espère, insérera votre lettre.

Il paraît que les Ventavon ont l'espérance de faire retourner M. Pilot; nous le saurons bientôt.

Vous pourrez écrire au bon Lefils que vous recevrez, sous peu de jours, tout le travail sur les docks de Gênes. Il paraît que ce sera une belle affaire, dans laquelle vous saurez vous faire votre part.

Pour moi, je retourne ce soir à Turin, pour m'occuper de l'appel et de la publication du jugement. J'ai de mon monde, ici, de belles promesses, mais de bien faibles réalités pour faire face à de bien grosses exigences. Enfin, mon ami, ayons toujours confiance en Dieu, et comptez sur votre paternel ami, au plus tôt possible.

C'est avec cette pensée qu'il vous embrasse avec espérance et de tout cœur.

Signé : Prince de Crouy Chanel.

15. — *Du Marquis de Foudras, au Cte Henri G^hl de Croy.*

Votre souvenir amical nous a vivement touchés, mon cher Comte, et s'il suffit à des vœux d'être sincères, pour que Dieu les exauce, les vôtres le seront à coup sûr, et ceux que nous formons pour vous également. Puissiez-vous être toujours en paix et en bonne santé tous, voilà ce que nous demandons pour vous au Dispensateur de toute chose.

Nous ne vous souhaitons pas la perspective d'un trône ni même celle de nombreux millions; mais une large aisance et deux ou trois jolis enfants blancs et roses dont un garçon à qui vous laissiez un jour le nom que vous portez si bien.

Est-ce que vous avez renoncé à votre voyage en Allemagne, que vous ne m'en soufflez mot dans votre lettre? Je ne le regretterais pas pour vous, si vous ne l'entrepreniez que pour vous lancer dans de grands procès. Je ne connais pas le fond de la grosse affaire qui vous occupe, mais je crois que si vous pouviez la terminer par transaction avec des avantages certains, mais modestes, cela vaudrait mieux que de poursuivre des résultats immenses qui s'évanouiraient en fumée.

Excusez-moi, mon cher Comte, de vous tenir ce langage, je vous jure qu'il m'est inspiré par une affection très vraie et une vive sollicitude.

Rien n'est encore décidé pour notre voyage à Paris, au printemps, mais il y a beaucoup de chances pour qu'il se fasse vers Pâques.

Que nous serions heureux si vous veniez tous les deux, vers la même époque.

Adieu, cher Comte, et merci de votre aimable souvenir. La marquise se joint à moi pour vous offrir, à tous deux nos meilleures amitiés.

Veuillez ne pas nous oublier auprès de Madame votre mère et de M. Engelbert que je n'oublie pas quoiqu'il m'ait manqué de parole.

Marquis DE FOUDRAS.

Moulins, 22 janvier 1865.

16. — *Du Gal Daumas.*

Mon cher Comte,

Je viens vous gronder bien fort; comment, sans m'en prévenir, vous privez votre famille d'un tableau qu'elle possédait depuis longtemps, pour me l'envoyer à moi, qui ne suis de ce côté qu'un barbare! vraiment cela n'est pas bien, et si j'avais été averti à temps, je m'y serais opposé.

Quoi qu'il en soit, votre tableau m'est parvenu, et je vous remercie de l'intention. Malheureusement il a été mal emballé et le cadre est tout en morceaux. Mais c'est là un accident facile à réparer.

Maintenant, mon cher Comte, voulez-vous être assez bon pour offrir mes hommages les plus respectueux à Madame votre mère, tout en me rappelant au souvenir de Monsieur votre frère. Conservez pour tous l'assurance de mes sentiments les plus distingués et les plus dévoués.

Général E. DAUMAS.

Bordeaux, 13 février 1865.

17. — De S. Exc^e M. HIDALGO.

Ambassadeur de S. M. l'Empereur Maximilien

Monsieur le Comte,

Sur la recommandation de Madame la baronne de Talleyrand, je viens vous informer que je proposerai à mon gouvernement, de vous nommer, ainsi que vous le désirez, vice-consul du Mexique, dans le port de Lorient.

Veuillez agréer, Monsieur le Comte, l'assurance de mes sentiments distingués.

HIDALGO.

Paris, 2 *août* 1865.

18. — *Du Prince Auguste de Crouy Chanel au Cte Henry,*

G^hl de Crouy-Chanel

Je te piie, mon cher Henry, de me dire à quelle heure tu viendras me voir, car ce qui est possible aujourd'hui pourrait bien ne pas l'être demain.

J'attends donc ta visite en te serrant paternellement la main.

Prince de Crouy Chanel.

Embrasse pour moi jolies nièce et petite-nièce.

19. — *De la princesse de Crouy Chanel,*

au Cte Henry G^{hl} de Crouy-Chanel.

Mon cher Henry,

Je ne verrai que fort tard, je crois, Monsieur Sarrut. Je lui communiquerai votre petit mot mais ne craignez pas, personne n'est plus apte à juger ou à *deviner* les intentions. Quant aux journaux, je le déplore du fond de mon cœur, mais le jour de la *réparation* arrivera sans doute.

Des propositions faites par les compagnies ou le comptoir sauveront les intérêts matériels — et les compagnies sont au moins aussi *malades* que nous ; Monsieur de Crouy acceptera peut-être mais ne demandera rien.

Cette fameuse lettre écrite par lui avant l'*accusation*, tout cela est beaucoup de souffrance et de larmes ; mais il ne faut pas fléchir aveuglément et surtout il faut avoir foi dans les *tiers* qui sans trop savoir pourquoi se mêlent de nos intérêts — vous voyez bien que vous même disiez hier que M. de Courtigis disait que c'est *vous* qui êtes venu à lui, mais ne craignez rien, Monsieur Sarrut ne fera rien d'imprudent.

Signé : Votre tante affectionnée.

C. DE CROUY.

19bis. — *De la Princesse Cornélie de Crouy-Chanel.*

Mon cher Henry,

Venez, je vous prie, à quatre heures; pas plus tard que quatre heures et quart. M. Sarrut sera ici, exactement pour entendre lui-même, tout ce que vous m'avez dit.

Affectueux sentiments à tous deux.

DE CROUY.
72, rue de l'Ouest.

Paris, 15 *août* 1866.

20. — *Du comte Gustave de Crouy Chanel, à son cousin le Comte Henry, G^{hl} de Croy-Chanel*

Mon Cousin,

Je suis heureux de pouvoir vous annoncer que mon oncle est arrivé et qu'il a pu, aujourd'hui, grâce à M. Morin, signer son pourvoi contre l'arrêt de la Chambre des mises en accusation.

La Cour de cassation ne jugera pas avant une quinzaine, pendant laquelle mon oncle demeurera en liberté.

Voilà donc un premier et très satisfaisant résultat.

J'ai reçu encore une lettre de verbiage de l'infatigable M. Chavanon. J'ai répondu en deux mots que l'affaire était entre les mains de MM. Morin et Nogent Saint-Laurent, et que ces Messieurs ont été parfaitement d'accord sur la marche à suivre.

J'ai dû promettre à M. Morin 1000 francs d'avances, ou de *provision*, comme disent ces Messieurs, 500 francs ne lui ayant pas paru suffisants.

M. Nogent a déjà reçu en deux fois 1000 francs avancés par moi, ce qui commence déjà à compter. Je vous serai donc reconnaissant, mon Cousin, de vouloir bien m'écrire deux lignes, pour me dire vers quelle époque vous pourrez être en mesure de faire le partage des frais déjà faits.

Veuillez, mon Cousin, présenter mes hommages respectueux à ma Cousine, et agréer l'assurance de mes meilleurs sentiments.

Comte GUSTAVE DE CROUY.

Paris, le 16 février 1867.

21. — Du comte Gustave de Crouy-Chanel à son cousin le comte Henry Ghl de Croy-Chanel

Mon cher Cousin,

M. Chavanon m'a écrit, comme à vous, une lettre accompagnée de son modèle de pétition.

Mon oncle ne veut, sous aucun prétexte, en présenter ni en faire présenter à qui que ce soit. Il n'a, du reste, pas besoin d'intermédiaire avec M. Conneau, qu'il connaît parfaitement et qu'il a déjà vu une fois.

Je vous prie de présenter mes hommages à ma Cousine, en attendant que j'aille lui porter mon offrande pour sa quête, et je vous renouvelle, mon cher cousin, l'assurance de mes meilleurs sentiments.

COMTE GUSTAVE DE CROUY.

P.-S. — Dans le cas où vous voudrez répondre à M. Chavanon une lettre identique à la mienne, je transcris ci-dessous les quelques lignes que je lui adresse.

Monsieur,

J'ai l'honneur de vous accuser réception de votre lettre du 24 et de vous en remercier.

Mon oncle est décidé à n'adresser et à ne faire adresser aucune pétition.

Il connaît d'ailleurs particulièrement M. Conneau et a pu s'entretenir une fois avec lui.

Agréez, etc.

Paris, le 27 février 1867.

22. — *Du* Maréchal duc de Saldanha

Londres, le 26 avril 1875.

Monsieur le Comte,

La nouvelle de la mort de notre ami, le respectable M. Decourtemanche, m'a beaucoup contristé.

Je vous prie de me donner des nouvelles de son cher fils.

Sans permission de ma femme, je vous ai confié ma biographie, le volume que les éditeurs lui avaient présenté. Je vous prie de me le renvoyer au plus tôt, puisque la Duchesse ignorant l'absence du livre, a promis de le prêter à une de ses amies.

Vous m'obligerez beaucoup en me le faisant parvenir le plus tôt possible.

Croyez-moi votre dévoué.

Le M^{al} Duc de Saldanha.

23. — Extrait de l'*Internationnal* journal français paraissant à Londres, numéro du 30 mai 1871.

Du comte Henri G^{hl} de Croy Chanel co-propriétaire du journal au comte A. de Lavallette, ancien propriétaire et rédacteur en chef.

Monsieur le rédacteur en chef de l'*Internationnal*.

Je crois qu'il n'est pas inutile de rétablir la vérité au sujet des changements survenus dans la propriété du journal l'*Internationnal*.

Je ne comprends pas le but que l'on s'est proposé en la dénaturant.

Désirant fonder un nouveau journal à Londres, avec quelques amis politiques, j'appris que vous aviez l'intention de céder votre imprimerie et le journal, et que déjà plusieurs propositions vous avaient été faites à ce sujet.

Je vous fis connaître que mes amis et moi avions l'intention de suivre une ligne politique monarchique, comme celle qui avait été adoptée, depuis plusieurs mois, par l'*Internationnal*.

Je ne comprends pas comment l'on a pu donner une fausse interprétation à ces négociations et à l'exécution, si loyale de votre part de toutes nos communications verbales ou écrites.

Dans une crise aussi cruelle que celle que nous venons de traverser, nous avons souvent applaudi au patriotisme que vous avez montré, en mettant au-dessus de tout, la cause du parti de l'ordre, et en lui donnant pour base la monarchie ; car les tristes épreuves que nous subissons encore ne prouvent que trop que toute autre forme de gouvernement ne saurait offrir à la France cette sécurité dont elle a tant besoin, pour réparer les maux de la guerre et les désastres de l'anarchie.

Défendre les principes monarchiques, tel est le but que nous nous proposons, ainsi que nous l'avons dit au moment de traiter, et pendant que vous avez bien voulu nous continuer la rédaction que vous aviez dirigée avec tant de talent, pendant plusieurs mois consécutifs.

Tout en regrettant de n'avoir pu obtenir votre précieux concours, nous venons vous remercier du rang et de l'influence que vous avez su assurer, par vos écrits, à cette publication, dont les nouveaux propriétaires chercheront, comme vous, le bien de notre pays, n'importe où il se trouvera. Ils s'attacheront à imiter le zèle et le dévouement dont vous avez fait preuve.

Agréez Monsieur le Rédacteur, etc.

Comte Henri G^{hl} de Croy-Chanel.

24. — *Du Secrétaire particulier de S. A. I. le prince Napoléon.*

Londres, Claridge hotel, 51, Brook-Street.
31 janvier 1873.

Monsieur le Comte,

Le Prince Napoléon a reçu votre lettre du 28 janvier, mais étant sur le point de retourner en Suisse, il lui est impossible de disposer d'une heure pour vous donner audience.

Il vous prie donc, vu ses nombreuses occupations et ses préparatifs de départ, de vouloir bien lui écrire soit ici, soit à *Prangins*, près Nyon, canton de Vaud (Suisse), ce que vous désirez lui communiquer.

Recevez, monsieur le Comte, l'assurance de ma considération distinguée.

Louis Judelle.
Secrétaire particulier.

25. — *De S. Exc. le Baron Pereira de Andrada, ministre du Brésil à Londres.*

Londres, le 3 avril 1873.

Monsieur le Comte,

J'espérais vous voir au sujet de l'affaire Breslin, dont je n'ai aucune réponse, ni nouvelles. Il doit y avoir une décision en réponse à ma lettre dans laquelle j'annonçais l'acceptation de la condition désirée par M. Breslin et je donnais avis des huit jours exigés pour terminer l'affaire.

Vous comprenez que je me trouve dans une fort difficile position, ayant arrêté d'autres démarches que j'aurais pu faire dans l'intervalle qui vient de s'écouler sans la réponse de M. Breslin.

Je vous ai fait aujourd'hui un télégramme et je vous serai fort reconnaissant de me répondre aussi par télégramme, afin que je puisse, ce soir même, savoir à quoi m'en tenir.

Excusez-moi de vous déranger de nouveau, mais vous comprendrez sans doute la position embarrassée dans laquelle je me trouve.

En hâte, je vous serre la main.

PEREIRA DE ANDRADA.

26. — DU MARÉCHAL DUC DE SERRANO, PRÉSIDENT DE LA RÉPUBLIQUE ESPAGNOLE

PRESIDENCIA
DEL PODER EJECUTIVO
de la Republica Espanola

PARTICULAR   *Madrid, le 18 mai 1874.*

Monsieur Henry, Comte de Croy.

Monsieur,

J'ai reçu votre lettre du 9 courant, et je vous remercie mille fois pour l'intérêt que vous témoignez à l'Espagne.

Je recommande votre projet à M. le ministre des finances, qui vous dira ce que le gouvernement accorde sur l'emprunt que vous offrez.

Veuillez, Monsieur, agréer l'assurance
de ma considération distinguée,

M^{al} SERRANO.

27. — *Du Colonel Marquis de Bagnasco, aide-de-camp de S. M. le Roi Victor-Emmanuel.*

Monsieur le Comte,

Ayant fait prévenir par M. Alatry, assesseur des finances de a municipalité de la ville de Rome, le syndic Venturi de votre désir de le voir, pendant son court séjour à Londres, je m'empresse de vous en informer.

Je saisis, monsieur le Comte, cette occasion pour vous présenter les sentiments de ma haute considération.

Votre dévoué,

DE BAGNASCO.

28 — *De M. Maurice Lopez Roberts à M. le Marquis de Molins, ambassadeur d'Espagne, à Paris.*

Madrid, 21 juin 1876.

Mon bien cher ami,

Cette lettre a pour objet de vous présenter mon ami M. le Comte Henri G^{hl} de Croy-Chanel, qui, passant par notre capitale, à son retour de Lisbonne, est resté quelques jours avec nous.

S'il lui arrivait par hasard d'avoir besoin de vous, pour activer la légalisation de quelques pièces relatives aux affaires qu'il a, en ce moment, en Espagne, veuillez intervenir de votre autorité au Consulat, pour en hâter le plus possible l'expédition.

Je saisis cette occasion de vous présenter mes devoirs et de me dire le plus dévoué et le plus ancien de vos amis.

MAURICE LOPEZ ROBERTS.

29. — De M. Jacobo Prendergalt à M. Vincent de la Véga
Ministre d'État.

20 juin 1876.

Mon cher Narcisse,

Comme je ne connais pas le vice-consul actuel en la capitale, je viens vous prier d'avoir la bonté de lui recommander tout particulièrement Monsieur le Comte G^{hl} de Croy-Chanel, qui est porteur d'un document très important dont il désire la traduction et la légalisation immédiate.

Je serai heureux que votre intervention procurât une solution rapide de cette importante affaire.

Dans cette intention je vous envoie mille souvenirs et je reste votre ami dévoué.

JACOBO PRENDERGALT.

30. — *Lettre du G*^{al} *comte Vander Meer, ancien Ministre de la Guerre en Belgique.*

Mon cher Henri,

D'après votre dernière, j'espère que vous êtes arrivé.
Il est important que je puisse vous voir au plus tôt.
Soyez assez bon de me venir voir, je reste toute cette journée chez moi ; nous avons à causer de choses importantes.

Mille amitiés,

VANDER MEER.

20 octobre.

31. — *Lettre du comte Armand, Ministre plénipotentiaire de France, en Portugal.*

Mon cher Comte,

Le Président du Conseil m'écrit qu'il sera charmé de vous recevoir demain, au ministère de la guerre, de 3 à 4 heures.

Très en hâte et tout à vous,

Comte ARMAND.

(Lundi 5 juin)

32. — *Lettre du Baron de Pirch, ministre d'Allemagne à Lisbonne.*

Lisbonne, le 13 mars 76.

Monsieur le Comte,

Ayant été informé que vous voulez avoir l'obligeance de céder, pour quelques jours, votre salon à S. A. R. le Prince Léopold de Bavière (voyageant sous le nom de comte d'Elpen, pour garder l'incognito le plus strict), je m'empresse de vous remercier bien sincèrement, monsieur le Comte, de votre aimable offre, en me réservant de vous répéter de vive voix l'expression de ma reconnaissance et de la considération très distinguée avec laquelle j'ai l'honneur d'être, monsieur le Comte,

Votre dévoué.
Baron DE PIRCH
Ministre d'Allemagne.

33. — *Lettre du Comte Armand, Ministre plénipotentiaire de France en Portugal.*

Mon cher Comte,

J'ai quelques personnes à dîner demain jeudi, 9 heures. Voulez-vous me faire l'honneur d'être des nôtres ?
Je vous arrangerai une entrevue avec le ministre des finances.

Veuillez agréer l'assurance de mes sentiments les plus distingués,

Comte ARMAND.

Mercredi 10 heures.

34. — *Lettre de Son Excellence Monsieur Fontès de Mello, Président du Conseil des Ministres de Portugal.*

Monsieur le Comte,

Demain de 3 à 4 heures après midi, je pourrai avoir le plaisir de vous recevoir, au Ministère de la guerre.

Agréez, Monsieur le Comte, l'assurance de toute ma considération.

Fontès.

Lundi 21 juin 1876.

CONTRAT

35. — *Entre le C*^{te} *H*^{l} *G*^{hl} *de Croy Chanel, le comte de Meffray, et le duc de Grammont, ancien ministre des affaires étrangères.*

Entre les soussignés,

1º Monsieur le duc de Grammont, domicilié à Paris, 11, rue de la Pérouse, monsieur le colonel comte de Meffray, domicilié à Paris, 9, avenue d'Eylau, d'une part, et 2º Monsieur Henri Charles Marie, comte G^{hl} de Croy Chanel domicilié à Paris, 2, rue Billault, d'autre part.

Il a été dit, convenu et accepté ce qui suit : monsieur de Croy Chanel ayant été chargé, en vertu d'une convention passée le 10 avril 1877, de l'organisation de la compagnie soumissionnaire de la ligne du chemin de fer d'Orenbourg à Tourgoy (empire Russe), pour le compte de MM. Ferdinand Kirsch et Gareline, a offert à MM. le duc de Grammont et au colonel comte de Meffray, qui ont accepté, d'entrer dans ladite société et, à ce titre, de se voir assurer chacun une part dans les bénéfices résultant de l'obtention de la concession, de la négociation des actions, construction et exploitation de ladite ligne, à charge par ces messieurs de lui allouer, payer et transférer, de la même manière et aux mêmes époques qu'ils les toucheront eux-mêmes, un quart desdits bénéfices, que chacun d'eux recueillera, en vertu du contrat passé, le 14 mai courant, entre MM. le duc de Grammont, le comte de Meffray et MM. Kirsch et Gareline.

Dans le cas où la concession ne serait pas obtenue, le présent acte serait annulé de droit et détruit.

En foi de quoi nous avons signé les présentes.

Signé :

Duc de GRAMMONT, colonel comte de MEFFRAY,

FERDINAND KIRSCH.

36. — *Du duc de Broglie, président du conseil des ministres, à M. de Fénélon, secrétaire du duc Decazes, ministre des affaires étrangères.*

Paris, 18 octobre 1877.

Mon cher monsieur de Fénélon,

Monsieur le Comte de Croy-Chanel, avec qui j'ai quelques relations de parenté serait désireux d'obtenir un passeport diplomatique pour un voyage qu'il a à faire. Vous m'obligeriez de le lui faire obtenir.

Recevez l'assurance de mes sentiments très distingués.

BROGLIE.

37. — *De madame Ratazzi, née Bonaparte Wyse.*

Madrid, Hôtel de Paris,

4 décembre 1877.

Mon cher Comte,

Êtes-vous à Lisbonne en ce moment, et puis-je vous y écrire pour vous demander quelques renseignements? J'ai l'intention de m'y rendre à la fin de ce mois.

Je ne vous écris que ces deux lignes, n'étant pas certaine que ma lettre vous trouvera.

En attendant le plaisir de vous voir, croyez, mon cher comte, à mes sentiments les plus distingués.

MARIE LETITIA RATAZZI.

38. — *De M. Henri de Borniol.*

Paris, le 18 décembre 1878.

Je soussigné, reconnais avoir reçu des mains de M. le comte Henry G^{hl} de Croy Chanel, la somme de 456 francs, montant des frais faits pour l'exhumation et le transport à Grenoble (Isère) par wagon spécial du corps de M. Claude François-Auguste, Prince de Crouy Chanel, décédé le 28 août 1873, et inhumé au cimetière Montparnasse.

Dont quittance,

Signé : HENRI DE BORNIOL.

39. — De M. Henri de Borniol.

Paris, 25 décembre 1878.

Monsieur le Comte,

J'ai l'honneur de vous informer, ainsi que M. Château, architecte, a dû vous le dire, qu'un petit cercueil de plomb, a seul été nécessaire pour renfermer les restes de M. le Prince de Crouy Chanel, ce qui fait, ainsi que je vous le disais, dans ma dernière lettre, une augmentation de 79 francs. J'attendrai ainsi qu'il est convenu, que vous vouliez bien m'envoyer cette somme.

Veuillez agréer, Monsieur le Comte,
l'assurance de mes sentiments distingués.

HENRI DE BORNIOL.

40. — *De M. Henri de Borniol.*

Paris, 30 décembre 1878.

Je soussigné, reconnais avoir reçu de M. le comte Henry G^hl de Croy Chanel, la somme de 79 francs, pour le prix d'un petit cercueil plomb et chêne, fourni lors du transport, le 24 décembre 1878, du corps du Prince de Crouy Chanel.

Dont quittance,

Signé : HENRI DE BORNIOL.

TABLE DES MATIÈRES

PREMIERE PARTIE

Production de titres par les deux frères Jean-Claude et François-Nicolas de Crouy Chanel, devant la Chambre des Comptes du Dauphiné, et arrêt de cette Chambre.................................. 1—4
Généalogie de la famille de Crouy Chanel de Hongrie.......... 5—13
Branche des Comtes Gerothwohl de Crouy Chanel............. 14—16
Branche des Comtes de Croy Chanel 16

DEUXIÈME PARTIE

Les Crouy Chanel et les Croy de Solre et d'Havré .... 17—18
Généalogie de MM. de Croy Solre et d'Havré................. 19—28
Procès entre les deux familles............................... 23—24
Rectification de l'acte de naissance du Comte François de Croy Chanel, du Marquis Claude-François de Croy Chanel et du Comte Claude-Henry de Croy Chanel. Vérification de leurs titres par le Tribunal civil de Grenoble et arrêt de ce tribunal. 24—25
Diverses reconnaissances de l'origine de MM. de Croy Chanel, par des Souverains.. 25—29

TROISIÈME PARTIE

Les Droits de la Branche des Comtes Gerothwohl de Croy Chanel.

Mort de la Comtesse Gerothwohl de Croy Chanel, à Londres... 30
Article du *Figaro*, et rectification demandée par les neveux de la défunte.. 31
Lettre du Comte Henri Gerothwohl de Croy Chanel à M. de Villemessant... 32

Réponse du *Figaro*.. 34
Protestation du Comte Henri....................................... 35
Lettre du Comte Henri Gerothwohl de Croy Chanel à son cousin, le Comte Gustave de Crouy Chanel......................... 39
Lettre de la Princesse de Crouy Chanel à son cousin le Comte Henry.. 42
Lettre de M. Germain Sarrut au Comte Henry Gerothwohl de Croy Chanel.. 43
Conclusions 49

PIÈCES JUSTIFICATIVES

Note A. — Actes originaux produits en 1790. 89 actes originaux prouvant la filiation de la famille de Crouy Chanel depuis Félix de Hongrie (1279) jusqu'en 1790........................ 55—67
Titres retrouvés postérieurement à 1790, et produits en 1860, par le Prince Auguste de Crouy Chanel devant le Conseil du Sceau des titres... 68—70
Note B. — Extraits de la *Gazette des Tribunaux* des 7, 19 et 20 avril 1830, relativement au procès pendant entre les Crouy Chanel et les Croy Solre et d'Havré.......................... 71—89

ACTES DE L'ÉTAT CIVIL

de divers membres de la famille de Croy Chanel.

Acte de mariage du Marquis François de Croy Chanel avec demoiselle Charlotte Bagel 93
Acte de naissance de François-Claude-Auguste de Crouy Chanel. 94
Acte de naissance de Nicolas-Henry-Jean-François de Crouy Chanel... 95
Acte de naissance de François-Claude-Louis-Auguste de Crouy Chanel... 96
Acte de décès de Claude-François Marquis de Crouy Chanel.... 97
Certificat du Duc de Berry au Prince Auguste de Crouy Chanel. 98
Autorisation au même de porter la décoration de la Fleur de Lys. 99
Admission du même au grade de Colonel, dans l'infanterie 100
Brevet de Commandeur de l'ordre de Saint-Grégoire-le-Grand.. 101
Brevet de Chevalier de l'ordre de Saint-Louis 101
Acte de mariage du Prince-Auguste de Crouy Chanel, avec Mademoiselle da Costa... 102
Acte de décès de Marie-Jacques-André-Emmanuel de Hongrie, Prince et Comte de Crouy Chanel 104
Acte de décès du Prince Auguste de Crouy Chanel............... 105
Acte de décès de Cornélie da Costa, Princesse de Crouy Chanel. 106

ACTES DE L'ÉTAT CIVIL

des membres de la famille Gerothwohl de Crouy Chanel de Hongrie.

Acte d'adoption de M. Joseph Gerothwohl par le Conseil de famille de la maison de Crouy Chanel de Hongrie.	110
Acte de mariage de M. Joseph Gerothwohl avec demoiselle Clémentine-Claudine-Charlotte de Crouy Chanel de Hongrie....	111
Acte de naissance de Clémentine-Claudine-Charlotte de Crouy Chanel.	112
Acte de baptême de la même	113
Acte de décès de la même	114
Translation de ses restes mortels à Allevard	115
Concession perpétuelle au cimetière d'Allevard	120
Fondation d'un prix de vertu à Allevard, par le Comte Henry Gerothwohl de Croy Chanel	125
Discours prononcé par l'abbé Payre curé d'Allevard le 3 septembre 1876	127
Nomination du Comte Joseph Gerothwohl de Croy Chanel au poste de Consul général de la République de Nicaragua, près la Confédération suisse	131
Lettre d'Audience	132
Acte de naissance de Claude-Engelbert Gerothwohl de Croy Chanel.	134
Acte de naissance de Charles-Marie-Henry Gerothwohl de Croy Chanel.	135
Acte de naturalisation du même	137
Acte de mariage du même	139
Discours prononcé à cette occasion par l'abbé Thomas	142
Discours par le Révérend Père Dumonchel	147
Acte de naissance de Henriette-Marie-Louise-Jehanne Gerothwohl de Croy Chanel	149
Acte de baptême de la même	150
Discours prononcé le 26 août 1878 à Allevard par l'abbé Balme	151
Donation par le Marquis Auguste-François-Claude de Croy Chanel à sa petite nièce Henriette Gerothwohl de Croy Chanel	154
Lettre du Landgrave de Hesse	157
— de M. O. de La Marmora	158
— de Mª Mestayer	159
— du Vicomte F. de Croy	160
— de Monseigneur de Ségur	161
— du Comte A. de Ségur	162

Lettre du duc de Bassano...	163
— de l'Évêque de Versailles...................................	164
— du Prince Lubomirski.......................................	165
— du Baron Muller de Kochensteinfels...................	166
— du Marquis de Maupas.....................................	167
— du Marquis Ph. Villani.....................................	168
— de M. Marcoletta..	169
— du Prince Auguste de Crouy Chanel...................	170
— du Marquis de Foudras....................................	171
— du Général Daumas...	172
— de S. Exc. M. Hidalgo.....................................	173
— du Prince Auguste de Crouy Chanel...................	174
— de la Princesse Cornélie de Crouy Chanel............	175
— de la même..	176
— du Comte Gustave de Crouy Chanel...................	177
— du même...	178
— du Maréchal duc de Saldanha............................	179
Extrait de l'*International*...	180
Lettre de M. Judelle, Secrétaire du Prince Jérôme Napoléon..	181
— du Baron Pereira de Andrada............................	182
— du Maréchal Serrano, Président de la République Espagnole..	183
Lettre du Colonel Marquis de Bagnasco.......................	184
— de dom Mauricio Lopez Roberts........................	185
— de M. Jacobo Preudergalt.................................	186
— du Général Comte Van der Meer.......................	187
— du Comte Armand..	188
— du Baron de Pirch..	189
— du Comte Armand..	190
— de S. Exc. M. Fontes de Mello..........................	191
Contrat avec le duc de Gramont.................................	192
Lettre du duc de Broglie...	193
— de Mᵉ Rattazzi...	194
— de M. Henri de Borniol....................................	195
— —	196
— —	197

Imp. A. Derenne, Mayenne. — Paris, boulevard Saint-Michel, 52.

IMPRIMERIE A. DERENNE, MAYENNE. — PARIS, BOULEVARD SAINT-MICHEL, 52.

www.ingramcontent.com/pod-product-compliance
Lightning Source LLC
Chambersburg PA
CBHW051919160426
43198CB00012B/1960